ROBERT GREENE

A JOOST ELFFERS PRODUCTION

The 48 laws of power

POCKET & TRAVEL

ГРИН

48 законов власти

РИПОЛ
КЛАССИК

УДК 82.93
ББК 84(4Вел)6-4
Г85

Перевод с английского Е. Я. Мигуновой

Грин, Р.

Г85 48 законов власти / Р. Грин ; [пер. с англ. Е. Я. Мигуновой]. — М. : РИПОЛ классик, 2025. — 304 с. — (Pocket&Travel).

ISBN 978-5-386-10699-7

Это самая аморальная, самая скандальная, самая циничная... и самая правдивая книга о власти, начиная с незамысловатой, бытовой и кончая президентской. Отныне, познав блестяще сформулированные и подкрепленные интереснейшими и неожиданными историческими факторами жесткие и жестокие законы поведения во власти, вы без труда распознаете то, что стоит за теми или иными словами и поступками «маленьких» начальников и сильных мира сего, то, что так тщательно они пытаются скрыть. «48 законов власти» — настольная книга для тех, кто желает освоить науку управления людьми, безошибочно использовать их слабости для достижения собственного могущества.

УДК 82.93
ББК 84(4Вел)6-4

ISBN 978-5-386-10699-7

Предисловие

Ощущение отсутствия власти над людьми и событиями для нас обычно невыносимо — бессилие заставляет чувствовать себя несчастным. Никто не стремится к тому, чтобы иметь меньше власти; каждый хочет получить ее побольше. В сегодняшнем мире, однако, небезопасно выглядеть слишком охочим до власти, не скрывать своего стремления к ней. Нам следует казаться славными, честными и скромными. Так что приходится применять тонкое искусство — быть благонамеренным, но хитрым, демократичным и — неискренним.

Такая постоянная двойственность более всего напоминает происходившие в старину игры при дворе царственных особ. В ходе истории двор всегда формировался вокруг властной особы — короля, королевы, императора или, иными словами, лидера. Придворные, составлявшие двор, зачастую находились в очень и очень щекотливом положении: с одной стороны, необходимо было прислуживать своим повелителям, но с другой, если это выглядело откровенным лизоблюдством, слишком неприкрытым заискиванием, другие придворные не упускали случая выступить против них. Поэтому приходилось идти на ухищрения, чтобы попытки заслужить милость монарха не выглядели слишком откровенными. И даже опытные придворные, способные на такую тонкость, все же должны были помнить о мерах защиты от соперников, готовых в любой момент оттолкнуть их.

Предполагалось в то же время, что двор являет собой цвет утонченности и цивилизованности. Грубое и неприкрытое рвение к власти не поощрялось, придворные действовали исподтишка, скрытно противодействуя любому, кто применял силу. Это была дилемма жизни при дворе: являя собой внешне образец элегантности и благородства, придворные старались как можно более незаметно и утонченно перехитрить и обойти противника. Удачливый придворный со временем постигал науку извилистых путей, обучался наносить удар в спину противника рукой в бархатной перчатке и со сладчайшей улыбкой на лице. Вместо того чтобы применять насилие или прямую угрозу, истинный придворный добивался своего с помощью стратегии обольщения, хитрости, пуская в ход обаяние и интриги, всегда обдумывая план действий на много шагов вперед. Жизнь при дворе представляла собой бесконечную игру, которая требовала от участников постоянной бдительности и тактического мышления. Это была учтивая война.

Сегодня мы сталкиваемся с очень похожим парадоксом: все должно быть цивилизованным, приличным, демократичным и честным — на вид. Но, если мы играем, слишком уж точно придерживаясь этих правил, понимаем их слишком буквально, нас сомнут противники, если только они не такие же простаки. Как писал великий дипломат и придворный эпохи Возрождения Никколо Макиавелли: «Всякий, кто старается все время быть хорошим, неизбежно в конце концов окажется погребенным среди огромного множества тех, кто нехорош».

Двор воспринимал сам себя как кульминацию изысканности, но под блестящей оболочкой скрывались темные страсти — алчность, зависть, похоть, ненависть клокотали, как в кипящем котле. Вот и наш сегодняшний мир воспринимает себя как кульминацию добродетели, но все те же неприглядные страсти по-прежнему бушуют в нас, как это и было всегда. Правила остаются неизменными. Внешне вы обязаны уважать честную игру, но на деле, если только вы не совсем простак, быстро научаетесь расчетливости и осмотрительности и поступаете по совету Наполеона: надеваете бархатную перчатку на железную руку. Если, подобно придворному давних времен, вы сможете овладеть искусством действовать исподтишка, обучитесь очаровывать, льстить, плести интриги и изящно обводить вокруг пальца своих соперников, вы достигнете самых высот власти. Вы будете подчинять людей своей воле так, что они и не заметят, как это произошло. А если они не поймут, что вы сделали, они никоим образом не смогут противостоять и сопротивляться вам.

Отнеситесь к «48 законам власти» как к своеобразному руководству, которое обучает искусству выбирать окольные пути. Прочитав книгу, вы познакомитесь с властью и ее свойствами. Применяя же их на практике, получите возможность жить припеваючи и добиваться успехов, искусно манипулируя окружающими и при этом выглядя в их глазах воплощением порядочности и добродетели.

ЗАКОН 1

НИКОГДА НЕ ЗАТМЕВАЙ ГОСПОДИНА

Формулировка закона

Всегда добивайтесь, чтобы те, кто главенствует, комфортно чувствовали себя наверху. В стремлении угодить им или произвести впечатление не заходите слишком далеко, демонстрируя свои таланты,— иначе вы рискуете добиться обратного: вселить в них страх и неуверенность. Заставьте ваших начальников казаться более блистательными, чем они есть, — и вы достигнете вершин власти.

Ключи к власти

У каждого есть свои комплексы. Выйдя в мир и предъявив свои таланты, вы сталкиваетесь с завистью, неприятием и другими проявлениями неуверенности. К этому нужно быть готовым. Вы не сможете прожить, стараясь пощадить чувства других. С теми, кто выше вас, однако, следует применить иной подход: когда речь идет о власти, затмить старшего по положению, возможно, самая грубая ошибка из всех.

Не обманывайте себя, думая, будто жизнь сильно изменилась со времен Людовика XIV или Медичи. Те, кто стоит на верхних ступеньках, по-прежнему короли и королевы: они хотят чувствовать себя уверенно на своем месте и превосходить других умом и обаянием. Грубейшее, но обычное заблуждение — считать, что, демонстрируя и проявляя свои таланты и способности, вы заслужите одобрение начальника. Он может поблагодарить, но при первой возможности заменит вас кем-то не таким умным, не таким ярким, не таким привлекательным.

Этот закон включает два правила, которые нужно запомнить. Первое: стоящего выше можно затмить неумышленно, просто оставаясь собой. Среди занимающих высокое положение есть неуверенные в себе больше других, неуверенные чудовищно. Вы можете заслонить их своим обаянием и привлекательностью, свойствами вашей натуры.

Второе: никогда не воображайте, что если начальник вас любит, то вы вольны делать что хотите. Можно написать не одну книгу о фаворитах, вышедших из милости лишь потому, что они приняли свое положение обласканных за позволение затмить господина.

Зная, как опасно заслонять собой владыку, вы можете обратить этот закон в свою пользу. Прежде всего нужно льстить и раздувать самомнение вашего начальника. Открытая лесть может быть эффективной, но имеет свои пределы; это слишком прямой и очевидный путь, и выглядит он плохо в глазах других подчиненных. Если, например, вы умнее вышестоящего, старайтесь, чтобы выглядело наоборот. Дайте ему возможность казаться умнее вас. Изображайте наивность. Покажите, что вы нуждаетесь в его опыте. Допускайте безобидные ошибки, которые не повредят вам в дальнейшем, но позволят обратиться к нему за помощью. Повелители обожают такие просьбы. Начальник, лишенный возможности излить на вас сокровища своего опыта, может вместо этого направить на вас свою злобу и обиду.

Если вы мыслите более творчески, чем ваш руководитель, припишите ему свои идеи, причем по возможности публично. Ясно покажите, что ваши рекомендации — лишь отголосок его рекомендаций.

Если вы по природе более общительны или великодушны, чем он, тщательно следите, как бы не стать облаком, закрывающим его сияние от других. Ваш непосредственный руководитель должен являться словно солнце, излучать мощь и великолепие, быть в центре внимания.

Во всех этих случаях скрыть свою силу не означает проявить слабость, ведь в результате это ведет к власти. Давая другим затмить себя, вы продолжаете владеть ситуацией, вместо того чтобы быть жертвой их неуверенности. Все это пригодится в тот день, когда вам придет пора подняться на более высокую ступень. Если вы поможете властителю засиять в глазах других, вы для него — поистине дар богов и должны будете немедленно возвыситься.

> **Образ:** Звезды в небе. На небе может быть только одно Солнце. Никогда не загораживай солнечный свет и не соперничай с сиянием светила; лучше поблекнуть, уйти с небосклона и найти способ увеличить яркость свечения вышестоящего.

> **Авторитетное мнение:** «Старайся не заслонять господина. Любое превосходство отвратительно, но превосходство

вассала над его князем не просто глупо, оно фатально. Это урок, который нам преподают звезды в небе — они, возможно, сродни Солнцу и так же ярко сияют, но никогда не появляются в его обществе». Бальтазар Грациан (1601—1658)

ЗАКОН 2

НЕ ДОВЕРЯЙ ДРУЗЬЯМ БЕЗГРАНИЧНО, НАУЧИСЬ ИСПОЛЬЗОВАТЬ ВРАГОВ

ФОРМУЛИРОВКА ЗАКОНА

Будьте настороже с друзьями — они скорее предадут, так как легко поддаются зависти. К тому же они быстро становятся баловнями и тиранами. Но призовите на службу бывшего врага, и он будет лояльнее друга, потому что ему есть что доказывать. В самом деле, вам следует больше опасаться друзей, нежели врагов. Если у вас нет врагов, найдите способ ими обзавестись.

Ключи к власти

Это естественно — пытаться воспользоваться помощью друзей, когда это необходимо. Мир — суровое место, и ваши друзья часто смягчают суровость. Кроме того, вы их знаете. Зачем полагаться на чужака, если рядом друг?

Беда, однако, в том, что зачастую вы не так уж хорошо знаете своих друзей, как вам кажется. Друзья часто соглашаются с вами, просто чтобы не ссориться. Они тщательно маскируют свои непривлекательные черты, они громко смеются над шутками друг друга. Поскольку честность редко способствует укреплению дружбы, вы можете так и не узнать истинных чувств вашего друга. Друзья скажут, что им нравятся ваши стихи, они будут восторгаться вашей музыкой, они будут по-хорошему завидовать вашему вкусу в одежде — возможно, их восхищение искреннее, но часто это не совсем так.

Если вы решаете нанять друга на работу, постепенно вам предстоит открыть для себя качества, которые он или она до сих пор скрывали. Как ни странно, ваш добрый поступок совершенно нарушает равновесие. Людям нравится думать, что они заслужили свою удачу. Действительность может принести разочарование и горечь: оказывается, выбор на вас пал по дружбе, то есть не по заслугам. Трещина постепенно становится заметнее: чуть больше откровенности в высказываниях, порой вспышки обиды и зависти — и не успеете вы оглянуться, как дружбе конец. Чем больше вы употребите даров и благодеяний, пытаясь оживить дружбу, тем меньше будет благодарность.

О ПОЛЬЗЕ ОТ НАШИХ ВРАГОВ

Как-то раз, когда царь Гиерон беседовал с одним из своих врагов, тот указал царю на его зловонное дыхание. После чего добрый царь, немного встревоженный, вернулся домой и упрекнул жену: «Как случилось, что ты никогда не говорила мне об этом?»

Царица, женщина простая, целомудренная и невинная, сказала: «Господин, я думала, что у всех мужчин дыхание таково». Таким образом, ясно, что об изъянах очевидных, явных и заметных, или, другими словами, общеизвестных, мы скорее узнаем от наших врагов, нежели от друзей или близких.

Плутарх, ок. 45— ок. 127

Сложность с использованием или приглашением на работу друзей заключается в том, что это неизбежно ограничивает вашу власть. Друг — редко тот, кто лучше всего может вам помочь; в конце концов, знания и компетентность значительно важнее, чем дружеские чувства.

Все служебные ситуации требуют определенной дистанции между людьми. Вы пытаетесь работать, а не дружить; дружелюбие (истинное или фальшивое) только затеняет этот факт. Ключ к власти, следовательно,— это способность судить, кто наилучшим образом способен помогать продвижению ваших интересов в любых обстоятельствах.

Люди с большей готовностью платят за зло, чем за добро, ведь благодарность — бремя, а месть — удовольствие.

Тацит, ок. 58—ок. 117

Ваши неприятели, с другой стороны,— это неразработанная золотая жила, которую вам следует научиться использовать. Когда Шарль Морис Талейран, министр иностранных дел Наполеона, решил в 1807 году, что его государь ведет Францию к краху, а время работало против него, он понимал и всю опасность заговора против императора; ему нужен был партнер, единомышленник — кому из друзей он мог бы довериться в таком деле? Его выбор пал на Жозефа Фуше, главу тайной полиции, наиболее ненавидимого им врага, человека, который даже пытался организовать его убийство. Талейран понял, что их былая ненависть может создать предпосылку для эмоционального примирения. Он предвидел, что Фуше, ничего не ожидая от него, будет работать, чтобы доказать Талейрану, что тот не ошибся, выбрав его; человек, который хочет что-то доказать, свернет для вас горы. Наконец, он знал, что его отношения с Фуше будут основываться на взаимной заинтересованности и не будут замутняться личными чувствами. Хотя заговорщикам не удалось сбросить с трона Наполеона, союз таких могущественных и неожиданных партнеров привел к наиболее важному в данном случае следствию: оппозиция императору начала медленно расширяться. Талейран и Фуше образовали плодотворный рабочий союз.

При любой возможности постарайтесь заключить мир с врагом и найдите способ привлечь его себе на службу. Ни в коем случае не допускайте, чтобы наличие неприятеля выбило вас из колеи — гораздо лучше иметь одного-двух явных оппонентов, чем теряться в догадках, есть ли у вас враги и кто они. Человек власти приветствует конфликт, используя врагов для укрепления своей репутации крепкого бойца, на которого можно положиться в сложное время.

Образ: Челюсти неблагодарности. Зная, что случится, если сунуть палец в пасть льва, вы постараетесь этого не делать.

От друга не ждешь подвоха, но если вы возьмете его на службу, неблагодарный друг проглотит вас с потрохами.

Авторитетное мнение: «Знайте, как использовать врага для собственной выгоды. Следует научиться хватать меч не за острие, которое поранит вас, но за рукоятку, что позволит защитить себя. Мудрец получит больше пользы от своих врагов, чем глупец от своих друзей». Бальтазар Грациан (1601—1658)

ЗАКОН 3

СКРЫВАЙ СВОИ НАМЕРЕНИЯ

Формулировка закона

Держите людей в потемках, в состоянии неустойчивого равновесия, никогда не раскрывая подоплеку своих действий. Пребывая в неведении относительно того, что вы хотите предпринять, они не смогут обеспечить себе защиту. Заведите их подальше по ложному следу, напустите тумана, и к тому времени, как они осознают ваши намерения, будет уже слишком поздно.

Ключи к власти

Большинство людей подобны открытой книге. Они говорят, что чувствуют, выпаливают свое мнение при каждом удобном случае, постоянно сообщают о своих планах и намерениях. Они поступают так по многим причинам.

Во-первых, это в природе человека — всегда говорить о своих чувствах и планах на будущее. Приходится делать над собой усилие, чтобы сдерживать свой язык и следить за своими высказываниями. Во-вторых, многие верят, что честностью и открытостью они покоряют сердца и демонстрируют свою хорошую сущность. Это великое заблуждение. Честность, по сути, — это тупой инструмент, который больше размозжит, чем отрежет. Честностью легко обидеть; гораздо более благоразумно приспосабливать свои слова, говоря людям то, что они хотят услышать, вместо грубой и безобразной правды о том, что вы чувствуете или думаете. Безоглядная открытость ведет к тому, что вы становитесь таким предсказуемым, таким понятным, что вас почти невозможно уважать или бояться, а власть не покоряется человеку, который не в состоянии вызвать подобных чувств.

Старайся не прослыть обманщиком, хоть сегодня и невозможно прожить, не будучи таковым. Самая большая твоя хитрость должна состоять в том, чтобы не показать свою хитрость.

Бальтазар Грациан, 1601—1658

Если вы учитесь власти, поскорее отложите в сторону свою честность и начинайте упражняться в искусстве скрывать собственные намерения. Овладейте им — и вы всегда будете на высоте положения. Возможность скрывать свои истинные намерения объясняется простым свойством человеческой натуры: наше первое инстинктивное побуждение — всегда доверять видимости. Мы не смогли бы жить, сомневаясь в реальности того, что мы видим и слышим,— постоянные мысли о том, что за видимым скрывается нечто иное, измотали и запутали бы нас. Это и помогает нам относительно легко утаивать друг от друга свои намерения. Просто выставляйте напоказ предмет, который вы хотели бы выдать за желаемый, или цель, которую вы якобы преследуете,— и все поверят в их реальность.

Один из эффективных способов скрыть свои намерения — постоянно разглагольствовать о собственных планах и чаяниях, но только не об истинных. Вы убьете одним выстрелом трех зайцев: будете выглядеть приветливым, открытым, заслуживающим доверия, завуалируете свои намерения и отправите конкурентов в погоню за несбыточным, которая отнимет у них немало времени.

ПЛЫТЬ ПО ОКЕАНУ СРЕДИ БЕЛА ДНЯ

Это означает создать ширму, которая в конце концов приобретает привычный, знакомый вид; такая ширма позволяет стратегу, прикрываясь ею, действовать незамеченным, поскольку всем взглядам при этом открывается лишь очевидное и привычное.

Томас Клири,
«Японское военное искусство», 1991

Еще один мощный инструмент, помогающий направлять людей по неверному следу,— ложная искренность. Люди легко принимают искренность за честность. Не забывайте, их первое побуждение — доверять видимости, а поскольку все хотят верить в честность окружающих, они вряд ли усомнятся в вас и уж тем более вряд ли увидят вас насквозь. Если вы даете понять, что верите в то, что говорите, это придает словам огромный вес. Именно так Яго обманул и погубил Отелло: мог ли Отелло, видя глубину чувств Яго, видя искренность его обеспокоенности предполагаемой неверностью Дездемоны, не поверить ему?

Если вы полагаете, что обманщики — это яркая, колоритная публика, люди, которые сыплют на каждом шагу фокусами, изощренными и красочными выдумками, вы заблуждаетесь. Самые лучшие из них обладают располагающим к доверию обликом и не привлекают внимания. Им известно, что экстравагантные слова и поступки немедленно возбудят подозрения. Вместо этого они придают своим замыслам вид чего-то привычного, банального и безвредного.

Как только вы усыпите внимание своих жертв, выдав им то, чего они ожидали, они потеряют способность замечать обман прямо у себя за спиной. Чем серее и ординарнее дым вашей завесы, тем легче скрыть свои намерения.

Наиболее простая форма дымовой завесы — выражение лица. Спрятавшись за располагающую, не очень выразительную внешность, можно планировать любое злодейство, никто вас ни в чем не заподозрит. Этим оружием пользовались многие могущественные исторические деятели. Рассказывают, что у Франклина Делано Рузвельта было совершенно непроницаемое лицо. Барон Джеймс Ротшильд всю жизнь пользовался этим приемом, пряча истинные мысли за широкими радушными улыбками или неопределенными взглядами.

Помните: требуется терпение и смирение, чтобы, приглушив яркие краски, надеть не привлекающую внимания маску. Не огорчайтесь, если придется носить невыразительную личину,— часто именно ее непроницаемость влечет к вам людей и придает вам вид человека, причастного к власти.

Образ: Овечья шкура. Овца не ограбит, овца не предаст, овца невероятно глупа и безобидна. С овечьей шкурой на спине лисице легко пробраться прямо в курятник.

Авторитетное мнение: «Приходилось ли вам слышать об искусном полководце, который, собираясь захватить крепость, оповещал бы о своем плане противника? Скрывайте свою цель и не хвалитесь успехами; не давайте понять, как далеко простираются ваши расчеты, до тех пор пока им что-то может помешать, пока битва не окончена. Одерживайте победу еще до объявления войны. Одним словом, подражайте военным, чьи намерения неизвестны никому, кроме тех опустошенных стран, через которые они уже прошли победным маршем». Нинон де Ланкло (1623—1706)

ЗАКОН 4

ВСЕГДА ГОВОРИ МЕНЬШЕ, ЧЕМ КАЖЕТСЯ НЕОБХОДИМЫМ

Формулировка закона

Желая произвести впечатление своими речами, помните: чем больше вы наговорите, тем больше покажетесь ординарным и не имеющим реальной силы. Даже произнося банальности, вы будете выглядеть оригинальным, если ваши речи будут неясными, незавершенными и загадочными, как речи сфинкса. Влиятельные люди производят впечатление и внушают страх тем, что недоговаривают. Чем больше вы говорите, тем выше вероятность того, что вы скажете глупость.

Ключи к власти

Во многих отношениях власть — это игра внешнего, видимого; если вы говорите мало, неизбежно будете казаться крупнее и могущественнее, чем на самом деле. Ваше молчание заставит других занервничать. Человеческие существа предназначены для интерпретаций, толкований и объяснений; им необходимо знать, о чем вы думаете. Если вы тщательно следите за тем, что приоткрыть, им не удастся проникнуть в ваши замыслы, понять, что вы собой представляете.

Ваше молчание и односложные ответы вынудят их занять оборонительную позицию, и они не выдержат, начнут заполнять паузы собственными высказываниями, выдавая свои секреты и слабости. Они покинут встречу с ощущением, что их обокрали, вспоминая каждое ваше слово по пути домой. Такое повышенное внимание к вашим кратким речам лишь прибавит вам власти.

Еще в молодости художник Энди Уорхол понял, что невозможно одними уговорами заставить людей поступать по-вашему. Они повернутся против вас, исказят ваши желания, пойдут наперекор из чувства противоречия. Однажды он сказал другу: «Я понял, что, если помалкивать, можно добиться большей власти».

В 1944 году, в тяжелые для него дни, Майкл Арлен [киносценарист] приехал в Нью-Йорк.

Чтобы как-то отвлечься от своих несчастий, он решил пойти в знаменитый ресторан «21». В вестибюле он столкнулся с Сэмом Голдуином, который дал ему абсолютно ненужный совет — купить беговых лошадей.

В баре Арлен встретил Луиса Б. Майера, старого знакомого, спросившего, каковы его планы на будущее.

«Я сейчас говорил с Сэмом Голдуином...» — начал было Арлен. «Сколько он вам предложил?» — перебил его Майер. «Недостаточно»,— уклончиво ответил сценарист. «Устроит ли вас 15 тысяч за тридцать недель?» — спросил Майер. На сей раз Арлен не колебался. «Да»,— был его ответ.

Клифтон Фадиман,
«Коричневая книжечка анекдотов»,
1985

В своей жизни Уорхол с успехом применял этот принцип. Интервью, которые он давал, напоминали высказывания оракула: он произносил что-то пространное и неясное, а интервьюеру приходилось ломать голову, чтобы представить, что бы это значило, чтобы обнаружить какие-то глубины в этих, порой бессмысленных, фразах. Уорхол редко говорил о своих работах: он предоставлял другим интерпретировать их. Чем меньше он говорил о своих работах, тем больше публика говорила о них. А чем больше о них говорили, тем выше становилась их цена.

Устрицы полностью раскрывают раковины в полнолуние; краб, видя устрицу, кидает внутрь ее камешек или водоросль, так что устрица не может вновь сомкнуться и становится добычей краба. Таков удел тех, кто слишком много открывает рот и тем самым отдает себя на милость слушателя.

Леонардо да Винчи,
1452–1519

Людовик XIV был немногословен. Это ему принадлежит знаменитая фраза: «Государство — это я». Но в юности он любил поговорить, упиваясь собственным красноречием. Позже он научился быть молчаливым, чтобы никому не дать вывести себя из равновесия. Никто не знал наверняка своего положения, никому не удавалось предсказать реакцию короля. Никому не удавалось обмануть Людовика, нашептывая ему то, что он хотел слышать. Вынужденные подолгу высказываться перед хранящим молчание королем, просители невольно все больше раскрывались перед ним, а он впоследствии мог с успехом использовать это против них.

Наконец, молчание Людовика помогало ему держать всех в страхе и подчинении. Это было одной из основ, на которых покоилось его могущество. Сен-Симон писал: «Никто лучше его не знал цену своим словам, своей улыбке, даже вскользь брошенному взгляду. Все в нем имело ценность, потому что он мог влиять на ход вещей, и его величие усугублялось его немногословием».

Слово не воробей, вылетит — не поймаешь. Следите за своими словами. Особенно осторожно выражайте сарказм: минутное удовлетворение, полученное от едких слов, может быть перечеркнуто ценой, которую вы за них заплатите.

Образ: Дельфийский оракул. Когда к оракулу приходили за советом, жрицы роняли несколько загадочных слов, которые казались полными смысла и важности. Все повиновались словам оракула — в них была власть над жизнью и смертью.

Авторитетное мнение: «Никогда не начинай шевелить губами и зубами, пока этим занимаются твои подчиненные. Чем дольше я храню молчание, тем скорее другие задвигают губами и зубами.

Пока они двигают губами и зубами, я могу понять их истинные намерения... Если господин не загадочен, чиновники найдут возможность брать и брать».
Хань Фэй-цзы, китайский философ (III век до н. э.)

ЗАКОН 5

ОЧЕНЬ МНОГОЕ ЗАВИСИТ ОТ РЕПУТАЦИИ — БЕРЕГИ ЕЕ ЦЕНОЙ ЖИЗНИ

Формулировка закона

Репутация — краеугольный камень власти. С помощью репутации вы можете внушать страх и побеждать. Стоит, однако, ей пошатнуться, как вы становитесь уязвимым и подвергаетесь нападкам со всех сторон. Сделайте свою репутацию непоколебимой. Всегда бдительно ожидайте возможных атак и отражайте их, прежде чем будете атакованы. Учитесь выводить из строя врагов, находя бреши в их репутации. Затем отойдите в сторону и предоставьте общественному мнению расправляться с ними.

Ключи к власти

Окружающие, даже близкие друзья, всегда в какой-то мере загадочны и непостижимы. В их характерах есть скрытые укромные уголки, которые вам никогда не показывают. Непознаваемость других может вызывать раздражение, ведь, если вдуматься, она лишает нас возможности объективно оценивать людей. Но мы предпочитаем, игнорируя этот факт, судить о людях по внешним признакам, по тому, что легче всего открывается нашему взгляду: одежда, жесты, слова, поступки. В социальной сфере внешний облик является барометром практически для всех наших оценок и суждений, и значит, надо тщательно следить за тем, чтобы о вас не судили неверно. Один ложный шаг, одно подозрительное или непредвиденное изменение вашего облика могут быть гибельны. Вот почему крайне важно своими руками создать и самому поддерживать собственную репутацию.

Репутация защитит вас в опасной игре внешнего, видимого, она отведет глаза, не даст людям узнать, каков вы на самом деле, поможет в какой-то степени влиять на то, как мир судит о вас,— властная позиция для вас. Репутация обладает возможностями чародея: одним взмахом палочки она может удвоить вашу силу и отогнать преследователей. Выглядит ли одно и то же дело великолепным или ужасным, целиком и полностью зависит от репутации исполнителя.

Ибо, как говорит Цицерон, даже восстающие против славы стремятся к тому, чтобы книги, которые они на этот счет пишут, носили их имя, и хотят прославить себя тем, что презрели славу. Все другое может стать общим; когда нужно, мы жертвуем для друзей и имуществом, и жизнью. Но уступить свою честь, подарить другому свою славу — такого обычно не увидишь.

Мишель де Монтень,
1533–1592

Вначале вам следует поработать над репутацией обладателя одного какого-либо выдающегося качества — честности, например, или щедрости, а может, изворотливости. Это выделит вас и заставит других говорить о вас. Затем постарайтесь, чтобы о вашей репутации узнало как можно больше народа (не переусердствуйте: репутацию надо строить без спешки и на твердом основании), и наблюдайте, как она распространяется, словно лесной пожар.

Прочная репутация придаст вам солидность и дополнительную силу при относительно малых затратах энергии. Она подобна ауре, вызывающей уважение, а порой и страх. Германский генерал Эрвин Роммель, который сражался во время Второй мировой войны в Северной Африке, славился хитрыми и коварными маневрами, наводившими ужас на противника. Даже когда его группировки были почти полностью уничтожены и британские танки превосходили его технику в соотношении пять к одному, целые города спешно эвакуировались при одном лишь слухе о его приближении.

Легче справиться с нечистой совестью, чем с дурной репутацией.

Фридрих Ницше,
1844—1900

Пусть ваша репутация базируется на одном безукоризненном качестве. Это единственное качество — будь то работоспособность или обольстительность,— становится чем-то вроде визитной карточки, с ее помощью вы подготавливаете свой выход, гипнотизируя окружающих.

Репутация — сокровище, которое необходимо накапливать и хранить с особым тщанием. Особенно когда вы стоите в начале пути, защищайте свое имя всеми доступными способами, берегите от всех нападений. Укрепив позиции, научитесь не выходить из себя и не занимать оборонительную позицию в ответ на провокационные высказывания врагов — это будет свидетельствовать о вашей неуверенности в собственной репутации. Вместо этого двигайтесь дальше и ни за что не выказывайте собственной слабости, даже если уже и не надеетесь, что удастся себя защитить. Однако помните, что атака на репутацию соперника является мощным оружием, особенно если он сильнее. В такой схватке он рискует многим, тогда как ваша, пока еще не устоявшаяся, репутация представляет для него слишком незначительную мишень, если он попытается открыть ответный огонь. Но этой тактикой следует пользоваться с умом: она не должна выглядеть мелочной местью. Если вам не удастся повредить репутации противника, ваша собственная неизбежно рухнет. Ни в коем случае не заходите слишком далеко в подобных атаках, ведь они скорее привлекут внимание к вашей мстительности, чем к качествам того, на кого вы нападаете. Если ваша собственная репутация прочна, используйте более тонкие приемы — сатиру и насмешки, что ослабит противника, а вас представит обаятельным остроумцем. Могучий лев всего лишь поиграет с мышкой, которая перебежала ему дорогу,— любое иное поведение повредит его репутации грозного зверя.

Образ: Ко́пи, полные алмазов и рубинов. Вы откопали их, теперь вы богаты. Храните их любой ценой. Грабители и воры явятся со всех сторон. Не обольщайтесь, думая, что богатство дано вам раз и навсегда. Постоянно подновляйте сокровища — от времени они тускнеют и теряют цену.

Авторитетное мнение: «Вследствие этого я пожелал бы нашему придворному подкреплять свои врожденные достоинства сноровкой и хитростью и заручиться уверенностью, что, когда бы ни пришлось ему отправиться в края, где с ним незнакомы, его будет предварять его добрая слава... Ибо репутация, опирающаяся, как считают, на мнение многих, порождает твердую веру в заслуги человека, веру, которую впоследствии нетрудно укрепить в умах, уже надлежащим образом настроенных и подготовленных». Бальдассаре Кастильоне (1478—1529).

ЗАКОН 6

ЗАВОЕВЫВАЙ ВНИМАНИЕ ЛЮБОЙ ЦЕНОЙ

Формулировка закона

Обо всем судят по внешнему облику; то, чего увидеть нельзя, не имеет ценности. Поэтому никогда не позволяйте себе затеряться в толпе или кануть в Лету. Выделяйтесь. Бросайтесь в глаза, чего бы это ни стоило. Притягивайте к себе как магнит, кажитесь крупнее, красочнее, загадочнее, чем множество скромных и вежливых людей вокруг.

Ключи к власти

Сверкать ярче, чем окружающие,— это умение, с которым никто не рождается на свет. В начале своей карьеры вы должны связать свое имя и репутацию с тем, что выделит вас из ряда других людей, например, с характерным стилем в одежде, с какой-нибудь особенностью, вывертом, который не только покажется забавным, но и заставит говорить о вас. Как только образ закрепится, вы станете индивидуальностью, у вашей звезды появится место на небосклоне.

Распространенное заблуждение считать, что свойственный лишь вам облик не должен быть противоречивым и что быть предметом нападок плохо. Трудно представить что-либо более далекое от истины. Чтобы избежать осечки и чтобы вашу известность не затмил другой, вам не стоит отказываться от одного рода внимания в пользу другого. В конечном счете любое внимание пойдет вам только на пользу.

ОСА И ПРИНЦ

Оса по имени Острохвостка давно мечтала прославиться. Однажды она явилась в королевский дворец и ужалила маленького принца, который спал в своей кроватке. Принц проснулся и громко заплакал. Король и придворные в тревоге поспешили к нему. Принц кричал, а оса жалила его снова и снова. Придворные старались поймать осу, но каждый из них получил по укусу. На крики сбежался весь королевский двор, новость быстро распространилась, и ко дворцу стали стекаться зеваки. Город волновался, все дела встали. Оса, удаляясь на отдых после своих трудов, заметила: «Имя без славы подобно пожару без пламени. Нет ничего важнее, чем добиться известности любой ценой».

Индийская басня

Двор Людовика XIV изобиловал талантливыми писателями, художниками, красавицами, а также мужчинами и женщинами непогрешимых добродетелей, но ни о ком из них столько не говорили, сколько о герцоге Лозаннском. Герцог был мал ростом, почти карлик, и поведение его отличалось крайней дерзостью — он делил ложе с королевской фавориткой, он открыто оскорблял не только придворных, но и самого короля. Короля, однако, так развлекала эксцентричность подданного, что он с трудом выносил отлучки последнего. Это объяснялось просто: странности несносного характера герцога привлекали внимание. После того как его очарование оказывало воздействие на окружающих, им хотелось общаться с ним во что бы то ни стало.

Общество нуждается в ярких личностях, возвышающихся над серостью и посредственностью. Поэтому не стесняйтесь качеств, выделяющих вас из толпы, привлекающих к вам внимание. Не избегайте стычек, даже скандала. Лучше нападки, даже клевета, чем забвение.

Если вы занимаете невысокое положение и оно не дает особых шансов привлечь к себе внимание, эффективным приемом станет атака на самую заметную, самую сильную, самую знаменитую личность, до которой только вы сможете дотянуться. Когда в начале XVI столетия Пьетро Аретино, который в юности был всего лишь учеником печатника в Риме, захотел привлечь к себе внимание как к сочинителю стихов, он решил опубликовать серию сатирических виршей, высмеивающих Папу Римского и его привязанность к ручному слону. Это нападение немедленно принесло Аретино известность. Клеветнические нападки на сильных мира сего обычно имеют сходный эффект. Но помните, что этим приемом не следует злоупотреблять, после того как вы уже стали объектом общественного внимания, это может привести к обратному результату.

Даже подвергаясь поруганию, я получаю свою долю славы.

Пьетро Аретино,
1492—1556

Оказавшись на виду, вы можете поддерживать интерес к себе, варьируя и приспосабливая к обстоятельствам свой метод привлечения внимания. Если этого не делать, публике станет скучно и она перенесет свой интерес на другой объект. Игра требует постоянной бдительности и творческого подхода. Пабло Пикассо никогда не позволял себе слиться с фоном. Когда его имя начинали привычно связывать с каким-либо определенным стилем, он огорошивал публику серией новых неожиданных работ. Лучше вывести из равновесия безобразным творением, думал он, чем позволить зрителям слишком привыкнуть к моему стилю. Следует понимать: люди испытывают чувство превосходства по отношению к тем, чьи действия могут предсказать. Если вы покажете им, кто находится на высоте положения, играя против их ожиданий, вы разом добьетесь уважения и станете объектом еще более пристального внимания.

Образ: Свет рампы. Актер, вступающий в этот сверкающий круг, достигает высот существования. Все смотрят на него. Узкий луч софита может осветить только одного. Делай что можешь, чтобы удержать его на себе. Будь забавным, нелепым или скандальным, лишь бы луч остановился на тебе, оставив других актеров в тени.

Авторитетное мнение: «Показывай себя, будь на виду... То, чего не видят, как бы не существует... Именно свет явился первопричиной, благодаря которой воссияло все творение. Демонстрация заполняет многие пробелы, прикрывает недостатки и дает всему вторую жизнь, особенно же в том случае, если она подкреплена истинными достоинствами». Бальтазар Грациан (1601—1658)

ЗАКОН

7

ЗАСТАВЬ ДРУГИХ РАБОТАТЬ НА СЕБЯ И ПОЛЬЗУЙСЯ РЕЗУЛЬТАТАМИ

Формулировка закона

Используйте ум, знания и беготню других людей для продвижения собственных дел. Такая помощь не только сэкономит ваши собственные силы и время, но и придаст вам божественный ореол преуспевающего человека. Ваши помощники будут забыты, вас же запомнят. Никогда не делайте сам того, что могут сделать для вас другие.

Ключи к власти

В мире власти действуют законы джунглей: есть те, которые охотятся и убивают, и есть множество тех, кто выживает за счет охоты других (гиены, стервятники). Они не такие яркие, менее одаренные и часто не способны сами выполнить работу, которая привела бы их к власти. Однако они рано осознают: если набраться терпения, обязательно дождешься, что кто-то сделает все за тебя. Не будьте наивны: в то самое время, когда вы в поте лица трудитесь над своим проектом, грифы и стервятники кружат над вами, прикидывая, как смогут жить и даже процветать, используя ваши творческие способности. Бесполезно жаловаться на это, исходить горечью и гневом. Лучше защитить себя и включиться в игру. Построив основание своей власти, сами станьте стервятником, и вы сэкономите массу времени и сил.

Живописец Петер Пауль Рубенс в конце своей карьеры не справлялся с огромным количеством заказов на картины. Он разработал систему: в просторной мастерской трудились десятки нанятых им прекрасных художников. Один специализировался на одежде, другой выписывал фон и так далее. Получалось что-то вроде конвейера, и благодаря ему удавалось закончить больше полотен. Если в мастерскую являлся с визитом важный заказчик, Рубенс распускал на день наемных живописцев. Пока заказчик наблюдал с балкона, Рубенс работал в неистовом темпе и с удвоенной энергией. Заказчик уходил в восторге от работоспособности этого человека, который может написать столько шедевров за очень короткий срок.

СЛЕПАЯ КУРИЦА

Курица привыкшая скрести землю в поисках пищи, лишилась зрения. Несмотря на слепоту, она продолжала скрести еще более усердно. И к чему это было прилежной дурочке?

Другая курица с острым зрением не утруждала свои нежные лапки работой, но, не ковыряясь в земле, наслаждалась плодами трудов другой. Ведь стоило слепой курице вырыть ячменное зерно, ее бдительная подруга тут же его хватала.

Готхольд Лессинг,
1729—1781

Вот квинтэссенция закона: научитесь использовать других, заставляя их выполнять работу для вас и присваивая себе все заслуги,— так вы получите необъятную власть. Если вы упорно продолжаете считать, что всю работу важно выполнять своими руками, вы никогда не продвинетесь достаточно далеко и быстро сгорите. Найдите людей с умением и творческим потенциалом, которых вам недостает. Наймите их и проставляйте на шедеврах свою подпись или найдите другой способ присвоить их работу. Так чужие таланты станут вашими, и мир увидит в вас гения.

Есть и другое применение этого закона, которое не требует паразитирования на трудах современников: обратитесь к прошлому — неиссякаемому источнику знания и мудрости. Исаак Ньютон назвал это «стоять на плечах гигантов». Он имел в виду, что, делая свои открытия, он всегда основывался на достижениях других. Славой гения он был во многом обязан (и сам это понимал) способности с умом использовать великие озарения ученых Античности, Средневековья, Возрождения. Шекспир заимствовал сюжеты, характеристики и даже диалоги, например, у Плутарха, так как знал, что Плутарху не было равных в описании тончайших психологических оттенков и в умелом цитировании. А сколько писателей затем в свою очередь заимствовали у Шекспира! Так что это — плагиат?

Если охотник полагается на надежность своей колесницы, использует ноги шести коней и заставляет Ван Ляна направлять поводья, тогда он сам не утомится, и ему не составит труда ловить быстрых животных.

Теперь предположим, что он не пользуется преимуществами своей колесницы, отказывается от применения конских ног и навыков Ван Ляна и спешивается, чтобы самому гоняться за животными. В этом случае, даже если ноги его так же быстры, как у Лю Чи, он не будет поспевать за добычей.

А ведь если пользоваться хорошими конями и крепкими колесницами, то даже раб или рабыня будут в состоянии ловить животных.

Хань Фэй-цзы, китайский философ, III век до н. э.

Писатели, исследовавшие природу человека; древние стратеги; историки, описавшие человеческую глупость и безумие; короли и королевы, изучившие нелегкое искусство нести бремя власти,— их знания пылятся, все эти люди из далекого прошлого ожидают, когда вы придете и вскарабкаетесь на их плечи. Их разум может стать вашим разумом, их умение — вашим умением, и они никогда не явятся, чтобы рассказать людям, как вы на самом деле неоригинальны. Можно упорно работать всю жизнь, ошибаясь снова и снова, расходуя время и энергию в попытках приобрести собственный опыт. А можно воспользоваться достижениями прошлого. Бисмарк сказал однажды: «Дураки говорят, что учатся на опыте. Я предпочитаю пользоваться опытом других».

Образ: Стервятник. Из всех обитателей джунглей у него самая легкая доля.

Трудную работу, которую выполняют другие, он присваивает и делает своей. Их неудачные попытки выжить становятся его кормом. Посмотрите на стервятника: пока вы работаете, он летает вокруг. Не боритесь с ним — присоединитесь.

Авторитетное мнение: «Есть многое, что нужно узнать, жизнь коротка, а жизнь без знания — не жизнь. Есть прекрасное средство для извлечения знания — опыт и работа других. Так пот появится на лбу другого, а вы заработаете репутацию оракула». Бальтазар Грациан (1601—1658)

ЗАКОН
8

ВЫНУЖДАЙ ЛЮДЕЙ ПОДОЙТИ К СЕБЕ, ЕСЛИ НУЖНО, ИСПОЛЬЗУЙ ПРИМАНКУ

Формулировка закона

Когда вы вынуждаете другого человека действовать, сила на вашей стороне. Выгоднее всего добиться, чтобы противник подошел к вам, нарушая ради этого собственные планы. Соблазните его сказочными выгодами — и атакуйте. У вас на руках все карты.

Ключи к власти

Сколько раз один и тот же сценарий повторялся в истории: агрессивный лидер предпринимает решительные действия, которые вначале приводят к усилению власти. Постепенно он достигает вершины, но затем все обращается против него. Его многочисленные враги объединяются. Пытаясь сохранить власть, он начинает метаться, но этим только истощает свои силы, что приводит к неизбежному краху. Причина повторения этой схемы в том, что агрессивный человек редко способен полностью владеть ситуацией. Он не может заранее обдумать больше одного-двух ходов, не видит последствий того или иного своего активного действия. Он вынужден все время идти на поводу у врагов, число которых непрерывно растет. Это наряду с непредвиденными последствиями его собственных импульсивных действий приводит к тому, что в итоге его агрессивная энергия обращается против него самого.

Находясь у власти, вы должны спросить себя: с какой целью я мечусь из стороны в сторону, стараясь решить свои проблемы и защититься от врагов, если я никогда не владею ситуацией? Почему я всегда реагирую на события, вместо того чтобы направлять их? Ответ прост: у вас неверное представление о власти. Вы путаете агрессивные действия с действиями эффективными. А часто эффективнее всего держаться на заднем плане, сохраняя спокойствие и разочаровывая тех, кто расставляет ловушки, и предпочитая долгую власть кратковременным победам.

Помните: основа власти — это способность удерживать инициативу, заставлять других отвечать на ваши ходы, держать соперников и окружающих в оборонительной позиции. Когда люди будут вынуждены поступать по вашей указке, вы начнете контролировать ситуацию. А тому, кто контролирует ситуацию, принадлежит власть. Чтобы достичь такого положения, должны произойти две вещи: научитесь управлять своими чувствами и никогда не позволяйте гневу овладеть вами. В то же время важно уметь играть на естественной склонности людей выходить из себя, если их обижают или насмехаются над ними. В конце концов, способность управлять другими — оружие, намного более мощное, чем любой инструмент агрессии.

> Разложив приманку для оленей, я не стреляю в первую же олениху, что подошла ее обнюхать, а жду, когда вокруг соберется целое стадо оленей.
>
> *Отто фон Бисмарк, 1815–1898*

Есть дополнительное преимущество в умении заставить вашего соперника сделать так, как это выгодно вам,— вынудить его сражаться на вашей территории. Находясь в стане врага, он нервничает, начинает торопиться и допускать ошибки. Для переговоров и встреч разумно предлагать свою территорию или место по вашему выбору. У вас есть точка опоры, соперник же не видит ничего привычного и чувствует себя неуютно.

Манипуляция — опасная игра. Стоит кому-то заподозрить, что им манипулируют, он начинает сопротивляться и выходит из-под вашего контроля. Но, выманивая соперника к себе, вы создаете иллюзию, что контроль над ситуацией осуществляет он.

Крупный преступник XIX века барон Дэниель Дрю был мастером игры на бирже. Желая, чтобы те или иные акции покупались или продавались, а их курс рос или падал, он почти никогда не шел к цели прямо. Одна из его уловок была такова: проходя торопливо по залу элитного клуба рядом с Уолл-стрит (так что было очевидно, что он направляется на биржу), он вынимал свой знаменитый красный носовой платок и вытирал пот со лба. При этом как бы незамеченный выпадал бумажный листок. Члены клуба, всегда старавшиеся предугадать шаги Дрю, набрасывались на записку, ожидая найти в ней биржевой прогноз. Слухи о содержании записки быстро распространялись, и члены клуба начинали покупку или продажу акций по сценарию, выгодному барону.

Многое зависит от того, насколько вкусна приманка. Если ловушка выглядит достаточно привлекательно, ослепленные эмоциями и вожделениями, ваши враги не смогут видеть правды. Чем более алчными они становятся, тем легче вести их туда, куда вам надо.

Образ: Медовая ловушка для медведя. Охотник на медведя не гоняется за своей добычей. Медведя, если он знает, что на него охотятся, почти невозможно поймать, и он свирепеет, если загнать его в угол. Вместо этого охотник раскладывает ловушки с медом в качестве приманки. Он не утомляется и не рискует жизнью в погоне — просто кладет приманку и ждет.

Авторитетное мнение: «Хорошие воины не подходят сами, а заставляют других подходить к ним. Это принцип пустоты и полноты других и себя. Когда вы вынуждаете противников подойти к вам, их силы всегда пусты; поскольку вы не идете к ним, ваша сила всегда полна. Атаковать пустоту наполненностью — то же, что бросать камнями по куриным яйцам». Жань Ю, комментатор «Военного искусства» (XI век)

ЗАКОН
9

ДОБИВАЙСЯ ПОБЕДЫ ДЕЙСТВИЯМИ, А НЕ ДОВОДАМИ

Формулировка закона

Любой минутный успех, которого, как вам кажется, вы добились в споре, оборачивается пирровой победой. Куда эффективнее можно заставить других согласиться с вами, если действовать, не произнося ни слова. Показывайте, а не объясняйте.

Ключи к власти

В сфере власти очень важно научиться оценивать, каким будет воздействие ваших поступков на окружающих с течением времени. Пытаясь доказать свою позицию или добиться победы в споре, никогда не знаешь наверняка, как повлияет сам спор на тех, кого убеждаешь: они могут соглашаться с вами вполне вежливо внешне, но в душе негодовать и возмущаться. А может быть, вы ненамеренно произнесете какие-то слова, которые можно истолковать по-разному, в том числе и в обидную для оппонентов сторону, и это испортит им настроение. Даже самые лучшие аргументы любого спора остаются всего-навсего словами — а это такое скользкое основание. Спустя несколько дней после спора и доводов, которые казались столь убедительными, мы часто возвращаемся к своему первоначальному мнению — просто потому, что оно более привычно.

ХИТРОСТЬ АМАСИСА

После свержения Априя в Египте воцарился Амасис родом из Саисского округа, из города Сиуф. Сначала египтяне ни во что не ставили царя, так как прежде он был простым гражданином и даже незнатного рода. Потом, однако, Амасису удалось завоевать их расположение хитростью, но деликатным способом. Среди несметных сокровищ у него был умывальный таз, в котором сам царь и все его гости всегда мыли ноги. Этот таз Амасис велел расплавить, отлить из него статую бога и воздвигнуть в самом оживленном месте города. Египтяне же, проходя мимо статуи, благоговейно молились ей. Когда же Амасис услышал об этом, то повелел призвать к себе египтян и объявил им, что статуя сделана из того самого таза для омовения ног, куда они раньше плевали, мочились и где мыли ноги, теперь же ее благоговейно почитают. Вот и с ним, прибавил царь, произошло примерно то же самое, что с этим тазом. Пусть когда-то прежде Амасис был только простым гражданином, а теперь — он их царь. Поэтому они должны почитать и уважать его. Так Амасис расположил к себе египтян, и они добровольно согласились служить ему.

Геродот,
ок. 485—ок. 425 век до н. э.

Следует понимать: слова ничего не стоят. Каждому известно, что в пылу спора можно сказать что угодно, лишь бы доказать свою правоту. Мы неточно процитируем Библию, обратимся к недостоверной статистике. Кто упрекнет за такую мелкую недобросовестность? Поступки и демонстрация наглядного — совсем другое дело. Они намного действеннее, в них больше смысла. Они здесь, прямо перед глазами, мы можем их видеть. Не сказано обидных слов, исключена возможность быть ложно понятым. Никто не поспорит с наглядным доказательством. Как замечает Бальтазар Грациан: «Правду чаще можно увидеть, услышать ее труднее».

Сэр Кристофер Рен представлял собой английский вариант энциклопедически образованного человека. Он прекрасно знал математику, астрономию, физику и физиологию. За долгие годы своей деятельности он стал одним из самых прославленных архитекторов Англии. И все же нередко случалось, что заказчики приказывали ему вносить неумные изменения в его проекты. Никогда они не слышали возражений или оскорблений в ответ. У архитектора были другие способы доказать свою правоту.

В 1688 году Рен создал проект великолепной ратуши для Вестминстера. Мэра, однако, проект не удовлетворил; мэр нервничал. Он поделился своими опасениями с Реном: второй этаж небезопасен и может обрушиться прямо в его кабинет на первом этаже. Он попросил Рена добавить две каменные колонны, чтобы получше укрепить потолок. Рен, непревзойденный инженер, понимал, что колонны вовсе не нужны и что опасения мэра беспочвенны. Но колонны были построены, мэр чувствовал себя счастливым и благодарным. И только годы спустя реставраторы, поднявшиеся в люльке под потолок, увидели, что колонны по высоте чуть-чуть не достают до потолка.

Колонны оказались тем, что в изобразительном искусстве называют обманкой. Но двое получили, что хотели: мэр мог расслабиться, а Рен понимал, что потомки узнают: его оригинальный проект был верен, и колонны не нужны.

Сила наглядной демонстрации вашей идеи в том, что у оппонентов нет необходимости обороняться, а значит, они более открыты для убеждения. Дайте им в буквальном смысле ощутить физически, что вы имеете в виду, а это куда более мощные аргументы, чем любые слова.

Стремясь к власти или стараясь удержать ее, всегда ищите непрямые пути, а также тщательно планируйте свои сражения. Если вам неважно, сколько времени пройдет, пока другой человек согласится с вами, или вы согласны ждать, пока время и собственный опыт заставят того, другого, понять, чего вы хотите,— тогда лучше всего не затруднять себя демонстрированием наглядных доводов. Берегите силы и идите прочь.

Образ: Доска-качели. Вверх-вниз, вверх-вниз движутся спорщики, не продвигаясь вперед. Слезайте с качелей и покажите им свои намерения, не раскачивая доску. Оставьте их наверху, и пусть сила тяжести постепенно и мягко опустит их на землю.

Авторитетное мнение: «Никогда не вступай в споры. В обществе ничего не следует обсуждать, а только давать результат». Бенджамин Дизраэли (1804—1881)

ЗАКОН

10

ИНФЕКЦИЯ: ИЗБЕГАЙ НЕВЕСЕЛЫХ И НЕВЕЗУЧИХ

Формулировка закона

Чужие невзгоды могут оказаться для вас губительными — эмоциональные состояния так же заразны, как болезни. Вам может казаться, что вы спасаете утопающего, но на самом деле вы лишь приближаете собственное несчастье. Несчастные иногда навлекают беды на себя, они навлекут их и на вас. Уж лучше держитесь поближе к везучим и счастливчикам.

Ключи к власти

Рядом с нами есть невезучие люди, страдающие от беспощадных ударов судьбы, с которыми им не под силу справиться. Безусловно, они заслуживают всей возможной помощи и симпатии, какие только мы можем им дать. Но есть и иные, не созданные для несчастий или невезения, а призывающие их на свою голову собственными разрушительными поступками и дестабилизирующе действующие на окружающих. Было бы прекрасно научиться воспитывать их, изменить их характер и жизнь, но чаще именно они вторгаются в нашу жизнь и заставляют нас меняться. Причина проста — люди очень восприимчивы к настроениям, эмоциям и даже к образу мыслей тех, с кем проводят время.

Следует понимать: в играх власти очень важно, с какими людьми вы связаны в представлении других. Если вы свяжете себя с «разносчиками инфекции», слишком велик риск, что вам придется потратить много драгоценного времени и сил на попытки освободиться. К тому же по ассоциации вы окажетесь в глазах окружающих кем-то вроде соучастника. Ни в коем случае нельзя недооценивать опасность инфекции!

От инфекции есть одно спасение: карантин. Но к тому времени, когда вы распознаете проблему, часто бывает уже слишком поздно. Как защитить себя от таких всепроникающих вирусов? Ответ заключается в том, чтобы судить о людях по тому, как они воздействуют на окружающий мир, а не по тому, как и чем они объясняют свои проблемы. Разносчиков заразы можно распознать по несчастьям, которые они притягивают к себе, по их бурному прошлому, длинному списку разорванных дружб и знакомств, по нестабильному, со срывами, продвижению по службе, а также по самой силе их характера, которая опрокидывает вас и заставляет забыть о своих интересах. Будьте готовы определить разносчиков инфекции по этим признакам, научитесь распознавать недовольство в их глазах. Самое важное — не поддавайтесь жалости. Не делайте попыток помочь. Этот человек не изменится, а вот вы будете выбиты из колеи.

Другая сторона инфекции по-настоящему ценна и более понятна: есть люди, которые притягивают удачу хорошим расположением духа, природной жизнерадостностью, энергией и умом. Такие люди — источник радости, и именно с ними вы должны объединяться, чтобы разделить процветание, которое они привлекают к себе.

ОРЕХ И КОЛОКОЛЬНЯ

Орех оказался на вершине высокой колокольни, куда занесла его ворона, и, закатившись в щель, смог избежать своей ужасной участи. Тогда он стал умолять колокольню спрятать его, взывая к милосердию Божьему и расхваливая ее высоту, красоту и благородный звук ее колоколов. «Увы,— продолжал он,— раз не случилось мне упасть под зелеными ветвями моего старого отца и лежать в мягкой почве под покровом его опавшей листвы, то хоть ты не отвергай меня. Когда я оказался в клюве вороны, я дал обет, что если смогу избежать гибели, то окончу свои дни, тихо лежа в маленькой ямке». Эти слова растрогали колокольню, и, движимая состраданием, она позволила ореху остаться в той щели, куда он упал. Прошло немного времени, и орех лопнул. Его корни прорастали в трещинки в камнях и раздвигали их, его побеги потянулись вверх, к солнцу. Скоро они поднялись выше самого здания, а по мере того как перекрученные корни становились толще, они начали разрушать стены и сдвигать древние камни с привычных мест. Тогда колокольне стала понятна причина разрушения, но было слишком поздно, и вскоре она уже лежала в руинах.

Леонардо да Винчи,
1452–1519

Это касается не только хорошего настроения и удачи: любое положительное качество может оказаться заразительным. Талейран, министр иностранных дел в правление Наполеона, обладал множеством странных и пугающих черт, но все единодушно считали, что он превосходит любого француза изяществом, аристократическим шармом, остроумием. И в самом деле, являясь потомком одного из древнейших благородных семейств страны, он, невзирая на веру в демократию и Французскую Республику, сохранял изысканные придворные манеры. Его современник Наполеон был во многих отношениях его противоположностью — крестьянин с Корсики, неразговорчивый и нелюбезный, даже грубый. Наполеон, однако, никем так не восхищался, как Талейраном. Завидуя умению министра общаться с людьми, завидуя его уму, его способности очаровывать женщин, он поступил очень мудро — держал Талейрана при себе в надежде впитать недостающую культуру. Без сомнения, Наполеон менялся за время своего правления. Многие острые углы были смягчены благодаря его постоянному общению с Талейраном.

Используйте положительные стороны подобного эмоционального воздействия для своего блага. Если, например, вы от природы скуповаты, общайтесь с щедрым, и он заразит вас своим великодушием. Если вы мрачны, держитесь поближе к жизнерадостным. Если склонны к затворничеству, заставьте себя подружиться с коммуникабельными людьми. Никогда не кооперируйтесь с теми, у кого ваши же недостатки, они укрепят все то, что тянет вас назад. Пусть вас влечет только к положительному.

Возьмите это за жизненное правило — вам это поможет больше, чем любая терапия.

Образ: Вирус. Невидимый, он проникает в ваши поры без предупреждения, распространяется бесшумно и медленно. Раньше, чем вы спохватитесь, вы уже заражены.

Авторитетное мнение: «Распознавай баловней судьбы для того, чтобы общаться с ними, и неудачников для того, чтобы избегать их. Обычно невезение — это преступление или безумие, и среди тех, кто страдает от него, нет болезни более заразительной: никогда не открывай дверь для наименьшего из неудачников, ибо, если ты это сделаешь, многие другие войдут, ухватившись за него... Не замарайся злосчастием других». Бальтазар Грациан (1601—1658)

ЗАКОН 11

СТАРАЙСЯ, ЧТОБЫ ЛЮДИ ЗАВИСЕЛИ ОТ ТЕБЯ

Формулировка закона

Чтобы оставаться независимым, старайтесь всегда быть нужным. Чем больше на вас полагаются, тем большей свободой вы обладаете. Добейтесь, чтобы счастье и процветание других людей зависели от вас,— и вам больше нечего опасаться. Никогда не обучайте их всему, так, чтобы они не могли обходиться своими силами.

Ключи к власти

Вершина власти — умение заставлять людей поступать по вашему желанию. Если вы добиваетесь этого, не применяя силу и не оскорбляя, если люди охотно выполняют то, что угодно именно вам, значит, ваша власть на недосягаемой высоте. Лучший способ достичь такого положения — создать зависимость от вас. Начальник нуждается в ваших услугах; он слаб или неспособен действовать без вас; вы так глубоко проникли в его работу, вы так сплелись с ней, что попытка избавиться от вас принесет ему лишь множество сложностей, или же ему придется тратить драгоценное время на поиски адекватной замены,— все это укрепляет ваше положение. Не плохо было бы построить взаимоотношения так, чтобы у вас в руках оказались все козыри, все рычаги, позволяющие управлять начальником по вашему желанию. По сути, это классический пример человека, неприметно стоящего за троном, королевского слуги, который фактически правит своим господином.

Многие ошибочно полагают, что высшая форма власти — независимость. Это заблуждение. Власть подразумевает отношения между людьми. Вам непременно нужны союзники, исполнители и даже слабые властители, которые служат ширмой.

Если вы не добьетесь того, чтобы в вас испытывали потребность, от вас избавятся при первой же удобной возможности. Найдется кто-то моложе, свежее вас, не требующий высокой оплаты, вызывающий меньше опасений. Не дожидайтесь этого, внушите окружающим, что они всецело зависят от вас. Если расставание с вами грозит возможными бедами, даже смертью, власть имущий не осмелится испытать судьбу, чтобы проверить правильность предсказания. Есть много способов добиться такого положения. Лучший из них — обладать талантом и мастерством, которые просто невозможно заменить.

КОНЬ И КОБЫЛА

Кобыла ходила день и ночь в поле, не пахала, а конь кормился ночью, а днем пахал. Кобыла и говорит коню:

— Зачем ты пашешь? Я бы на твоем месте не пахала. Он бы меня плетью, а я бы его ногою.

На другой день конь так и сделал. Мужик видит, что конь стал упрям, запряг в соху кобылу.

Лев Толстой,
1828—1910

Необязательно быть гением, достаточно уметь делать что-то, что выделяет вас из общей массы. Вам нужно создать ситуацию, в которой вы не пропадете, сможете найти себе другого покровителя. Что же касается вашего начальника, пусть он побегает, чтобы найти себе нового слугу с таким же талантом. А если, между нами, вы не столь уж незаменимы, найдите способ произвести такое впечатление. Репутация грамотного специалиста прекрасно помогает убедить того, кто выше вас по положению, что ему без вас не обойтись.

> ...Мудрый государь будет заботиться о том, как сохранить зависимость своих подданных от государства и от него самого, кем бы они ни были и при любых обстоятельствах. В этом случае они всегда будут заслуживать доверия.
>
> *Никколо Макиавелли,*
> *1469 – 1527*

Генри Киссинджеру удалось пережить не одну передрягу в Белом доме при Никсоне, и все же он выстоял. Не потому, что был лучшим дипломатом, которого только мог найти президент,— нашлось бы кому вести переговоры на том же уровне; и не потому, что они с Никсоном прекрасно ладили, — они ладили далеко не всегда; и не потому, что их политические идеалы совпадали. Киссинджер выжил потому, что он так глубоко закрепился в многочисленных областях политической структуры, что его устранение привело бы к хаосу. Он оказался вовлеченным в работу огромного количества департаментов администрации, занятых различными направлениями,— сама эта вовлеченность и стала его главным козырем. Благодаря этому у него было много сторонников. Если вы сможете обеспечить себе такое положение, устранить вас будет просто опасно — могут оказаться нарушенными самые разные виды взаимозависимостей.

И последнее предупреждение: не воображайте, что зависимость вышестоящего от вас заставит его полюбить вас. Скорее он будет бояться вас. Но, как сказал Макиавелли, лучше вызывать страх, чем любовь. Страхом можно управлять, любовью никогда. Зависимость от таких тонких и переменчивых чувств, как любовь и дружба, делает вас только незащищенным. Пусть уж лучше другие зависят от вас из страха потерять вас, чем из любви к вашему обществу.

Образ: Лиана со множеством шипов. Внизу корни растут вглубь и вширь. Вверху ветви лианы проталкиваются сквозь кусты, обвиваются вокруг деревьев, столбов и оконных рам. Избавиться от них стоило бы таких трудов и такой крови, что легче позволить им виться.

Авторитетное мнение: «Заставь людей зависеть от тебя. Можно получить от такой зависимости больше, нежели простую благодарность. Тот, кто утолил жажду, немедленно поворачивается спиной к колодцу. Когда зависимость исчезает, вместе с ней исчезают вежливость и пристойность, затем — уважение. Первый урок, которому должен научить тебя опыт, таков: давай надежде жить, но не исполняться, заставляя даже коронованного покровителя испытывать в тебе нужду». Бальтазар Грациан (1601—1658)

ЗАКОН 12

ПРОЯВЛЯЙ ИНОГДА ЧЕСТНОСТЬ И ЩЕДРОСТЬ, ЧТОБЫ ОБЕЗОРУЖИТЬ СВОЮ ЖЕРТВУ

Формулировка закона

Один искренний честный поступок побьет дюжину нечестных. Чистосердечные проявления честности и великодушия усыпят бдительность даже самых подозрительных. Когда ваша избирательная честность пробьет брешь, можете обманывать людей и манипулировать ими как хотите. Вовремя поднесенный дар — Троянский конь — послужит той же цели.

Ключи к власти

Квинтэссенция обмана — отвлечение внимания. Отвлекая людей, которых собираетесь обмануть, вы тем самым выигрываете время и пространство, чтобы сделать что-то незаметно для них. Добрые, великодушные, честные поступки зачастую являются наиболее эффективным способом отвлечения внимания, так как обезоруживают даже самых подозрительных. Это превращает их в детей, готовых поверить любому эффектному жесту.

В Древнем Китае это называлось «дать раньше, чем возьмешь» — наблюдая, как вы отдаете, окружающие не замечают, как вы берете. Это механизм с бесчисленными вариантами практического применения. Неприкрыто отнять что-то у кого-то опасно, даже для власть имущих. Жертва воспылает жаждой мести. Также опасно просто попросить то, что вам нужно, пусть даже очень вежливо: если другие не увидят в этом выгоды для себя, они могут обидеться на вашу просьбу. Научитесь давать прежде, чем возьмете. Это готовит почву, смягчает реакцию на будущую просьбу или просто помогает отвлечь внимание. Само же даяние может принимать разные формы: гипотетический жест щедрости или великодушия, действительно дар, милая услуга, «честное» признание — смотря по обстоятельствам.

Частичная честность лучше всего срабатывает, если вы впервые имеете с кем-то дело. Мы все дети привычки, и наше первое впечатление сохраняется надолго. Если кто-то в самом начале знакомства поверит в вашу честность, убедить его в обратном будет трудно. Это даст вам пространство для маневра.

Одноразовой демонстрации честности иногда недостаточно. Для создания репутации честного человека следует совершить ряд поступков — пусть даже вполне непоследовательных. Когда же репутация закрепится, ее, как и первое впечатление, трудно поколебать.

ФРАНЧЕСКО БОРРИ, ПРИДВОРНЫЙ ШАРЛАТАН

Франческо Джузеппе Борри из Милана, чья смерть в 1695 году почти совпала с окончанием XVII столетия, предвосхитил тот особенный тип шарлатана, авантюриста, самозванца — придворного или кавалера... Настоящая слава пришла к нему по переезде его в Амстердам. Там, присвоив себе титул Medico Universale, он окружил себя огромной свитой и разъезжал в карете, запряженной шестериком лошадей... Пациенты стекались к нему отовсюду, некоторых больных несли в портшезах от Парижа до самого Амстердама. Борри не брал платы за свои консультации, раздавал значительные суммы бедным, и о нем было известно, что он никогда не получает денег по почте или по векселям. Поскольку при этом он продолжал жить в роскоши, вскоре распространился слух, что он владеет «философским камнем». Внезапно этот благодетель исчез из Амстердама.

Тогда обнаружилось, что он увез с собой деньги и драгоценности, которые были доверены ему на хранение.

Грете де Франческо,
«Власть шарлатана», 1939

В Древнем Китае правитель Ву из царства Чэнь решил, что настало время захватить царство Чу, которое становилось все более могущественным. Никому не сообщив о своем намерении, он устроил женитьбу правителя Чу на своей дочери. Затем он собрал совет и сказал министрам: «Я собираюсь начать военные действия. Какое царство, по-вашему, нам стоило бы захватить?» Как он и ожидал, один из советников ответил: «Царство Чу». Правитель, казалось, был рассержен: «Чу теперь — родственное государство. Как мог ты предложить напасть на него?» И он приказал наказать советника за его преступное предложение. Правитель Чу прослышал об этом и, принимая во внимание многочисленные отзывы о честности Ву, а также свой брак с его дочерью, не делал ничего, чтобы защитить свои границы с царством Чэнь. Спустя несколько недель чэньская армия вошла в Чу и передала власть Ву, чтобы тот никогда уже не выпускал ее из рук.

Честность — один из лучших способов рассеять подозрения, но не единственный. Любое проявление благородства, бескорыстный поступок, акт самоотречения послужат этой цели, но особенно — щедрость. Немногие люди могут устоять против подарка, даже от закоренелого врага, вот почему это прекрасный способ обезоружить людей. Подарок будит в нас ребенка, в другое время подавляемого настороженностью. Хотя мы склонны рассматривать поступки других людей в самом циничном свете, нам редко удается разглядеть макиавеллиевскую подоплеку подарка, часто скрытую за высшими мотивами. Подарок — прекрасный объект, который может скрывать низменные мотивы.

При использовании этой тактики нужно быть осторожным: если вас разгадают, то разочарование, нереализованные чувства благодарности и теплоты превратятся в мощнейшую ненависть и недоверие. Если вы не можете придать своим поступкам искренность и сердечность, не затевайте игру с огнем.

Образ: Троянский конь. Ваше коварство скрыто внутри великолепного дара, перед которым не может устоять ваш противник. Ворота открываются. Оказавшись внутри, сейте опустошение.

Авторитетное мнение: «Когда правитель Синь из царства Чэнь собирался напасть на царство Ю, он подарил их правителю нефрит и табун лошадей. Когда правитель Ци собирался напасть на Чжоу, он подарил ему прекрасные колесницы. Отсюда пословица: „Когда ты собираешься взять, ты должен дать“». Хань Фэй-цзы, китайский философ (III век до н. э.)

ЗАКОН

13

ПОПРОСИВ О ПОМОЩИ, ВЗЫВАЙ К СВОЕКОРЫСТИЮ ЛЮДЕЙ И НИКОГДА — К ИХ МИЛОСТИ ИЛИ ВЕЛИКОДУШИЮ

Формулировка закона

Если вам пришлось обратиться к союзнику за помощью, не трудитесь напоминать ему о собственных былых заслугах и добрых делах. Это не помешает ему проигнорировать вас. Вместо этого дайте ему увидеть в своей просьбе или в своем договоре с ним нечто такое, что будет выгодно именно ему, и всячески подчеркивайте это. Он с воодушевлением поддержит предложение, сулящее выгоду.

Ключи к власти

В своем продвижении к власти вам предстоит не раз попадать в положение просящего помощи у тех, кто обладает большей властью. Просить помощи — это искусство, а здесь успех зависит от вашей способности понять того, с кем вы имеете дело, и не перепутать свои нужды с его нуждами.

Большинство людей никогда не добиваются в этом положительного результата, поскольку ослеплены собственными желаниями и потребностями. Они исходят из допущения, что те, к кому они обращаются, бескорыстно заинтересованы в оказании помощи. Они разговаривают так, будто их нужды имеют значение для этих людей, тогда как на самом деле, возможно, ничто не заботит их меньше. Иногда они обращаются к высоким материям: гипотетическим мотивам или таким чувствам, как любовь или сострадание. Они рисуют масштабные полотна, в то время как простая, обыденная реальность могла бы оказаться более притягательной. Они не отдают себе отчета в том, что даже обладающий исключительной властью человек находится в тисках собственных нужд, поэтому, если не воззвать к его интересам, он в лучшем случае воспримет просьбу как ненужную трату времени.

Самое важное — понять психологию другого человека. Он честолюбив? Озабочен своей репутацией или положением в обществе? У него враги, которых с вашей помощью можно победить? А что, если его попросту интересуют деньги или власть?

КРЕСТЬЯНИН И ЯБЛОНЯ

В саду у крестьянина росла яблоня, которая не давала плодов, а по ее ветвям прыгали воробьи и кузнечики. Крестьянин решил срубить ее и, взяв в руку топор, с силой ударил по корням. Кузнечики и воробьи умоляли его не рубить дерево, которое давало им приют, и пожалеть его. Они обещали, что за это станут своим пением облегчать человеку его труды.

Не обращая внимания на их мольбы, крестьянин нанес второй и третий удары топором. Когда он добрался до дупла в дереве, то обнаружил в нем улей, полный меда. Отведав медовых сот, крестьянин отбросил топор и стал заботливо ухаживать за деревом, словно оно было священным. Многими людьми движет одно лишь своекорыстие.

Эзоп,
VI век до н. э.

Когда в XII веке монголы заняли Китай, они создали опасность для существования культуры, процветавшей в течение двух тысячелетий.

Их вождь, Чингисхан, нашел, что в Китае не хватает пастбищ для его лошадей, поэтому он решил разрушить ее, сровняв с землей города, — ведь «так будет легче завоевать китайцев и растить траву». Китай был спасен от разорения и опустошения не солдатом, не полководцем и не королем, а человеком по имени Е-люй Чу-тцай. Сам Чу-тцай был иностранцем, но признавал превосходство китайской культуры. Ему удалось стать доверенным советником Чингисхана и внушить тому, что можно воспользоваться богатством страны, если не разрушать ее, а начать взимать дань с каждого ее жителя. Чингисхан счел совет мудрым и поступил так, как предложил Чу-тцай.

Когда Чингисхан в результате долгой осады завоевал город Кайфэн, он намеревался уничтожить всех его обитателей (так он поступал с жителями городов, которые оказывали сопротивление). Чу-тцай сообщил ему, что именно этот город дал Китаю лучших ремесленников и лучших инженеров — так, может, полезнее использовать их, чем лишить жизни? Никогда прежде Чингисхан не проявлял милосердия, хотя на самом деле город спасло не милосердие. Чу-тцай хорошо изучил вождя монголов. Это был варвар, крестьянин, не интересовавшийся культурой, да и ничем другим, что не имело отношения к военным действиям и практическим результатам. Чу-тцай поэтому предпочел воззвать к единственному чувству, которое могло быть развито в таком человеке: к алчности.

Люди в большинстве своем — эгоцентристы настолько законченные, что не интересуются ничем, кроме самих себя. Любое сделанное кем-то замечание они принимают на свой счет, все наталкивает их на размышления об их собственных делах, при малейшем шансе в центре их внимания оказывается собственная личность, сколь бы отдаленной ни была на самом деле тема.

Артур Шопенгауэр,
1788—1860

Эгоизм, корыстный интерес — рычаг воздействия на большинство людей. Дайте им увидеть, каким образом вы можете содействовать удовлетворению их потребностей,— и ваша просьба о помощи магическим образом не встретит сопротивления с их стороны. Проходя каждый шаг по дороге к достижению власти, вы должны учиться прокладывать путь в мыслях окружающих, видеть их нужды и интересы, избавляться от пелены своих собственных чувствований, затмевающих истину. Овладейте этим искусством — и ваши возможности станут безграничными.

Образ: Веревка. Веревка милости и благодарности истерта и порвется при первом ударе. Не доверяйте ей свою жизнь. Веревка взаимного эгоизма сплетена из множества волокон, ее не так просто разорвать. Она прослужит долгие годы.

Авторитетное мнение: «Кратчайший и лучший путь добиться удачи — дать людям ясно понять, что это в их собственных интересах способствовать продвижению ваших». Жан де Лабрюйер (1645—1696)

ЗАКОН

14

ИГРАЙ РОЛЬ ДРУГА, ДЕЙСТВУЙ, КАК ШПИОН

Формулировка закона

Знать своего соперника очень важно. Используйте шпионов для сбора ценной информации, и она позволит вам быть на шаг впереди. Еще лучше — поработайте шпионом сами. Учитесь зондировать почву, поддерживая вежливую светскую беседу. Задавайте непрямые вопросы, ответы на которые приоткрывают слабости и намерения людей. В любой ситуации можно найти возможности для искусного расследования.

Ключи к власти

В царстве власти ваша цель — возможность управлять будущими событиями. Одна из сложностей, с которой вы сталкиваетесь при этом, в том, что люди не захотят посвящать вас в свои мысли, чувства и планы. Если люди следят за своими высказываниями, им часто удается скрыть главные черты характера, слабости, истинные мотивы, навязчивые идеи. В результате вам не удается прогнозировать их поступки, и вы все время блуждаете в потемках. Хитрость в том, чтобы найти способ узнавать секреты и скрытые намерения так, чтобы люди об этом не подозревали.

Если у вас есть основания подозревать, что некто говорит вам неправду, притворитесь, будто верите каждому слову. Это придаст ему смелости продолжать, он станет высказываться более открыто и в конце концов выдаст себя.

Также, если вы заподозрите, что некто недоговаривает, пытаясь скрыть часть правды, притворитесь, что вы ему не верите. Ваше сопротивление спровоцирует его, и он выложит все до конца, направив всю силу правды на то, чтобы разбить ваше недоверие.

Артур Шопенгауэр,
1788–1860

Это не так сложно, как может показаться. Дружелюбная маска позволит вам тайно собирать сведения и о друзьях, и о врагах. Пусть другие советуются с гороскопом и гадают на картах Таро — у вас есть более точные методы прорицать будущее.

Самый распространенный метод шпионажа — использование других людей. Способ простой, действенный, но при этом рискованный: вы, несомненно, будете получать информацию, но у вас почти не будет контроля над людьми, которые на вас работают. Они могут оказаться недостаточно умелыми, чтобы скрыть, что шпионят, или даже начать действовать против вас. Гораздо лучше стать шпионом самому, изображая друга, но при этом незаметно собирая информацию.

Французскому политику Талейрану не было равных в этом искусстве. Он обладал почти сверхъестественной способностью выведывать у собеседников секреты в обычном вежливом разговоре. Его современники отмечали, что он владел искусством прятать свои мысли или умыслы за прозрачной вуалью намеков, слов, которые скрывали больше, нежели выражали. Ключом здесь являлась способность Талейрана подавлять себя в беседе, чтобы другие говорили о себе, неизбежно обнажая собственные намерения и планы.

Будьте внимательны на светских приемах и безобидных вечеринках. Именно здесь люди ослабляют самоконтроль. Подавляя свою индивидуальность, вы можете спровоцировать их на откровенность. Блеск этого маневра состоит в том, что окружающие ошибочно принимают ваш интерес за дружбу. Таким образом, вы не только собираете сведения, но и обзаводитесь связями.

Правители воспринимают мир посредством шпионов, как коровы посредством обоняния, брамины — посредством священных книг, а прочие люди — посредством собственных глаз.

Каутилья, индийский философ,
III век до н. э.

Этот метод, впрочем, следует применять аккуратно и внимательно. Если вас заподозрят в выведывании секретов у окружающих, то будут избегать. Делайте акцент на дружеской болтовне, а не на ценных сведениях. Ваш поиск крупиц информации не должен бросаться в глаза, если не хватит умения — наводящие вопросы скорее вскроют ваши намерения, чем позволят получить нужные сведения.

Один из приемов, который можно испробовать, подсказал нам великий Ларошфуко. Он писал: «Искренность может быть обнаружена в считанных людях и часто является умнейшей из уловок — искренность проявляют с целью вытянуть откровенные признания... из других». Иными словами, притворившись, будто вы открываете собеседнику душу, вы с относительной легкостью вытянете его собственные секреты. Сделав фальшивое признание, вы сможете рассчитывать на правдивое с его стороны. Другую не менее важную хитрость связывают с именем философа Артура Шопенгауэра, который предлагал изо всех сил противоречить людям в разговоре, чтобы вызвать их раздражение, довести до такого состояния, когда они перестанут следить за своими словами. Всплеск эмоций заставит их раскрыть всю правду о себе, ту самую правду, которая впоследствии может быть обращена против них же самих.

Образ: Третий глаз шпиона. В стране людей с двумя глазами третий глаз дает всеведение Бога. Вы видите дальше, чем другие, вы заглядываете им в душу. Никто не защищен от этого глаза, кроме вас самого.

Авторитетное мнение: «Итак, причина, по которой великий государь и мудрый военачальник побеждают врага в любом сражении, а их подвиги превосходят подвиги обыкновенных людей, заключается в том, что они предвидят положение врага. Это „предвидение“ нельзя получить ни от духов, ни ст богов, ни проводя аналогию с событиями прошлого, ни занимаясь астрологическими вычислениями. Оно может быть получено от людей, которым известно положение врага,— от шпионов». Сунь-цзы «Искусство войны» (VI—V век до н. э.)

ЗАКОН

15

РАЗБЕЙ ВРАГА ПОЛНОСТЬЮ

Формулировка закона

Всем великим вождям со времен Моисея было известно, что испуганный враг должен быть разбит наголову. (Порой это знание приходило к ним через тяжкие испытания.) Если оставить хоть одну искру, как бы тускло она ни мерцала, в конце концов разгорится огонь. Остановившись на полпути, можно потерять больше, чем при условии полного уничтожения: враг оправится и будет искать отмщения. Разбейте его не только телесно, но и духовно.

Ключи к власти

На пути к власти неизбежно появление соперников и неприятелей. Среди них будут и те, кого вам не удастся переубедить, склонить на свою сторону, то есть те, кто останется неприятелем, несмотря ни на что. Это враги, они желают вам зла. Больше всего на свете они хотят уничтожить вас. Если, сражаясь с ними и пройдя половину или даже три четверти пути, вы остановитесь — из милосердия, надежды или ради примирения, это лишь придаст им решительности, усилит их озлобление, и однажды они возьмут реванш. Они могут притвориться друзьями на некоторое время, но лишь потому, что вы победили. У них нет другого выбора, кроме как выжидать.

Решение: будьте безжалостны. Уничтожайте своих врагов полностью, как они уничтожили бы вас. Единственное, чем ваши враги могут обеспечить вам спокойствие и безопасность, это своим исчезновением.

Мао Цзэдун знал, насколько важен этот закон. В 1934 году лидер китайских коммунистов, а с ним около 75 тысяч плохо экипированных солдат спасались бегством в пустынных горах западного Китая от сильной и многочисленной армии Чан Кайши; позднее это получило название Длинного перехода.

Оставшиеся в живых враги могут стать опасными, подобно недолеченной болезни или не до конца потушенному пожару. Следовательно, их нужно уничтожать полностью... Ни в коем случае не следует недооценивать врага, считая его слабым. Он станет опасным в свое время, как искра огня в стоге сена.

Каутилья, индийский философ,
III век до н. э.

Чан Кайши был полон решимости уничтожить всех коммунистов до единого, так что спустя несколько лет у Мао оставалось не более 10 тысяч солдат. Однако к 1937 году, когда Китай подвергся японской интервенции, Чан Кайши посчитал, что коммунисты более не представляют угрозы. Он решил прекратить преследование и сосредоточиться на борьбе с японскими захватчиками. Прошло еще десять лет, и коммунисты оправились настолько, что смогли наголову разгромить его армию. Чан Кайши забыл древнюю мудрость, Мао ее помнил. Главу гоминьдана преследовали до тех пор, пока вся его армия не отступила на остров Тайвань. В наши дни в материковом Китае ничего не сохранилось от его режима.

Ориентация на полную победу является аксиомой, сформулированной Карлом фон Клаузевицем, первым философом войны. Анализируя кампании Наполеона, фон Клаузевиц писал: «Мы считаем, что полное истребление сил врага должно всегда быть наиважнейшим соображением... По достижении главной победы не следует рассуждать об отдыхе, о передышке... но только о продолжении, о дальнейшем преследовании врага, захвате его столицы, атаке его резервных сил и всего, что только могло бы дать неприятельской стороне подкрепление и поддержку». После войны начинаются переговоры и раздел территории. Если вы одержали лишь частичную победу, то при обсуждении условий неизбежно проиграете то, чего смогли достичь во время военных действий.

Чтобы побеждать, приходится быть безжалостным.

Наполеон Бонапарт,
1769—1821

Выход прост: не оставляйте неприятелю шанса. Уничтожьте его — тогда его территория перейдет в ваше распоряжение. Назначение власти в том, чтобы полностью подчинить себе противника, заставить его повиноваться. Вы не можете позволить себе остановиться на полпути. Зажатый в угол, неприятель будет вынужден выполнять вашу волю. Этот закон имеет применение отнюдь не только на полях сражений. Переговоры подобны коварному змею, который незаметно проглотит вас вместе с вашей победой. Так пусть противнику нечего будет обсуждать, не давайте ему надежды, не оставляйте пространства для маневра. Враг повержен — и этим все сказано.

Будьте реалистом: пока у вас есть враги, вы никогда не будете в безопасности. И если у вас нет возможности изгнать их, по крайней мере не забывайте, что они плетут против вас интриги, и не поддавайтесь на их показное дружелюбие. Единственное ваше оружие в такой ситуации — это бдительность.

Образ: Гадюка. Не добитая вами, она вывернется и укусит, впрыснув двойную дозу яда. Враг, оставленный рядом, подобен полумертвой гадюке, которую вы пытаетесь выходить. Чем больше проходит времени, тем сильнее действует яд.

Авторитетное мнение: «По этому поводу стоит заметить, что людей надо либо ласкать, либо устранять, ибо за малое зло они могут отомстить, а за большое не могут. Вот почему обиду надо наносить таким образом, чтобы не бояться мести». Никколо Макиавелли (1469—1527)

ЗАКОН 16

ОТСУТСТВИЕ, ЧТОБЫ ПРЕУМНОЖИТЬ УВАЖЕНИЕ И ЧЕСТЬ

Формулировка закона

Слишком активное вращение в обществе сбивает вам цену. Чем больше вас видно и слышно, тем более обыденным вы кажетесь. Если вы уже добились определенного положения, временное исчезновение заставит больше говорить о вас, даже восхищаться вами. Следует научиться определять, когда уйти. Творите ценность, создавая дефицит.

Ключи к власти

Все в этом мире зависит от отсутствия и присутствия. Яркое присутствие привлекает к вам власть и внимание — вы сияете, затмевая остальных. Но через какое-то время возникает противоположный эффект: чем больше вас видят и слышат, тем стремительнее снижается ваше влияние. К вам привыкают. Как бы вы ни старались быть неординарным — по непонятной причине люди ценят и уважают вас все меньше. Вы должны уметь уйти в нужный момент, прежде чем незаметно перестанете существовать для окружающих. Это игра в прятки.

Истинность закона легче всего увидеть на примере любви и охлаждения. В начальных сценах этой пьесы отсутствие предмета вашей любви будит воображение, окутывая его или ее некой аурой. Но эта аура блекнет, когда вы знакомитесь ближе,— ведь для воображения больше нет простора. Возлюбленный становится таким же человеком, как все, в присутствии его для вас больше нет ничего удивительного.

ВЕРБЛЮД И ПЛЫВУЩИЕ ПОЛЕНЬЯ

Кто первый увидал верблюда,
Тот прочь бежал при виде чуда;
Второй осмелился приблизиться к нему,
А третий — и узду надел на дромадера.
Так, силою привычки и примера,
Становимся мы близки ко всему,
Что нам казалося пугающим и страшным —
С ним находясь в общенье постоянном.
В пример тому я приведу рассказ.

Стоявшие на страже как-то раз
Увидели предмет, плывущий в отдаленье.
Немедленно решили все вокруг:
«Большой фрегат иль брандер!»
Чрез мгновенье
Все в нем увидели простой с товаром тюк,
челнок и, наконец, —
Плывущие поленья.
Знаком я в свете кое с кем,
Кого касается мое повествованье:
За нечто их сочтешь на расстояньи,
Вблизи они окажутся ничем.

Жан де Лафонтен,
1621–1695 (Пер. О. Чюминой)

Чтобы этого не случилось, заставьте людей жаждать вашего возвращения. Добейтесь их уважения, пугая возможностью утратить вас навсегда. Примените схему исчезновения и появления.

Наполеон имел в виду именно этот закон, когда сказал: «Если я буду слишком часто появляться в театре, люди перестанут меня замечать». Сегодня, когда мир перегружен потоком зрительных образов (пресса, телевидение), прием с временным исчезновением становится еще более действенным. Ничто не является больше достоянием частной жизни, поэтому каждый, кому удается скрыться, вызывает особое восхищение. Романисты Джером Дейвид Сэлинджер и Томас Пинчон вызвали культовое поклонение потому, что знали, когда им исчезнуть.

Другой, более приземленный случай этого закона, но и более наглядно демонстрирующий его значимость, это закон дефицита в научной экономике. Если какой-либо товар пропадает, его цена на рынке мгновенно возрастает. В Голландии XVII века правящие классы хотели сделать тюльпан символом государства. Они добились того, что цветок стал редкостью, а это вызвало то, что впоследствии получило название тюльпаномании. Цветок тюльпана тогда стоил дороже, чем равное ему по весу количество золота.

Распространите закон дефицита на то, что вы умеете. Сделайте то, что вы предлагаете миру, редкостью, труднодоступной диковинкой,— и вы немедленно возрастете в цене как уникальный специалист.

Неизбежно настает момент, когда кто-либо из власть имущих задерживается на своем посту, словно гость, который все сидит и не уходит. Мы устаем от таких властителей, теряем к ним уважение. Мы видим, что они ничем не отличаются от других представителей человечества, а это значит, что теперь нам они кажутся хуже, так как мы неизбежно сравниваем их теперешний имидж и наше отношение к ним с тем, что было раньше. Вовремя уйти со сцены — тонкое искусство. Если проделать все правильно, вы вновь завоюете утерянную было популярность и вернете себе хотя бы часть власти.

Образ: Солнце. Мы особенно ценим его, когда его нет. Чем дольше тянутся дождливые дни, тем больше нам недостает солнца. Но слишком много жары и солнца выматывают. Научитесь исчезать так, чтобы люди ждали вашего возвращения.

Авторитетное мнение: «Используя свое отсутствие, добейся, чтобы тебя уважали и ценили. Если присутствие уменьшает известность, отсутствие ее увеличивает. Человек, в котором во время его отсутствия видят льва, появляясь, подчас становится обыкновенным и смешным. Таланты теряют свой блеск, если мы слишком близко знакомимся с ними... Даже выдающийся гений использует уход от дел так, что люди получают возможность чествовать его и что шумиха вокруг его ухода помогает оценить его должным образом».
Бальтазар Грациан (1601—1658)

ЗАКОН
17

ДЕРЖИ ДРУГИХ В ПОДВЕШЕННОМ СОСТОЯНИИ: ПОДДЕРЖИВАЙ АТМОСФЕРУ НЕПРЕДСКАЗУЕМОСТИ

Формулировка закона

*Люди — порождения привычки,
обладающие неутолимой потребностью
искать и находить хорошо знакомое
в поступках других. Предсказуемость
дает им ощущение контроля над вами.
Смешайте карты: станьте
умышленно непредсказуемым.
Поведение непоследовательное или внешне
бесцельное будет выводить окружающих
из равновесия и заставит терять терпение
в попытках объяснять ваши поступки.*

Ключи к власти

Нет ничего страшнее неожиданности и непредсказуемости. Вот почему нас так пугают землетрясения и ураганы: мы не знаем, когда это случится. После того как разразится стихийное бедствие, мы с ужасом ожидаем следующего. Сходное воздействие, хотя и не настолько сильное, оказывает на нас непредсказуемое человеческое поведение.

Поведение животных укладывается в схемы, именно поэтому людям удается охотиться и убивать их. Лишь человек обладает способностью постоянно изменять свое поведение, импровизировать и преодолевать давление рутины и привычки. При этом большая часть людей не реализуют эту возможность. Они предпочитают повторять одни и те же привычные действия, потому что это не требует усилий и потому что они заблуждаются, веря, будто если они не станут раздражать других, то их оставят в покое. Следует понимать: человек власти вселяет некоторый страх, намеренно выводя окружающих из равновесия, чтобы держать инициативу в своих руках. Иногда необходимо нанести удар без предупреждения, когда люди меньше всего этого ожидают, чтобы заставить их трепетать. Это инструмент, которым пользуются сильные мира сего на протяжении веков.

Жизнь при дворе — это серьезная, безрадостная шахматная партия, которая требует, чтобы мы расставили фигуры, составили план и, следуя ему, парировали ходы соперника.

Иногда, однако, лучше рискнуть и сделать совершенно необоснованный, непредсказуемый ход.

Жан де Лабрюйер,
1645—1696

Филиппо Мориа, последний миланский герцог из рода Висконти в Италии XV века, намеренно совершал поступки, противоположные тем, которых от него ожидали. Например, он мог вдруг щедро одарить придворного своими милостями, а затем, когда человек решал, что можно ожидать продвижения по службе, так же внезапно третировал его, демонстрируя полное пренебрежение. В смятении несчастный собирался оставить двор, но герцог опять начинал прекрасно с ним обращаться. Вконец запутавшись, придворный приходил к выводу, что его прошение о новой должности, вероятно, показалось герцогу оскорбительным, и решал держаться так, словно никогда не помышлял о продвижении. Тут герцог мог обвинить его в отсутствии честолюбия и отослать его.

Секрет успеха в общении с Филиппо был прост: не старайся заранее понять, чего хочет твой господин. Не пытайся угадать, чем ему потрафить. Никогда не навязывай ему свою волю, просто повинуйся его воле. Затем жди, что произойдет. Среди смятения и неуверенности, которые сеял герцог, он властвовал спокойно, как существо высшее, чья воля непререкаема.

Постоянно мистифицировать, вводить в заблуждение и изумлять неприятеля при всякой возможности... подобная тактика всегда приносит победу, и маленькая армия может таким образом сокрушить большую.

Генерал Джэксон,
по прозвищу Каменная Стена,
1824–1863

Люди всегда стараются разгадать мотивы, стоящие за вашими поступками, и использовать вашу предсказуемость против вас же. Сделайте совершенно необъяснимый ход — и им придется занять оборонительную позицию. Из-за того что не удается понять вас, они начинают нервничать. А когда враги в таком состоянии, вы можете без труда устрашить их.

Долгое время Пикассо сотрудничал с торговцем произведениями искусства Полом Розенбергом. Сначала он предоставлял ему довольно широкие полномочия по отношению к своим картинам, однако однажды без видимой причины сказал Розенбергу, что больше не разрешает продать ни одной своей работы. Как объяснил Пикассо, «Розенберг провел следующие двое суток, пытаясь понять, в чем дело. Не собираюсь ли я передать права другому торговцу? Я продолжал работать и спокойно спал, а Розенберг все пытался понять. Через два дня он пришел снова, взвинченный, обеспокоенный, со словами: „В конце концов, дорогой друг, вы ведь не стали бы порывать со мной, если бы я предложил столько (тут он назвал существенно более высокую сумму) за эти картины вместо той цены, что платил обычно, не так ли?“»

Непредсказуемость — не только оружие устрашения: периодически разрушая привычные схемы, вы тем самым поднимаете переполох, подогревая к себе интерес. Люди говорят о вас, приписывают вам мотивы и объяснения, не имеющие ничего общего с истиной,— и это помогает вам постоянно занимать их мысли. В конечном счете чем взбалмошнее вы выглядите, тем большее уважение вызываете. Лишь безнадежный аутсайдер, занимающий подчиненное положение, ведет себя предсказуемо.

Образ: Циклон. Ветер, который не поддается прогнозированию. Внезапные скачки барометра, необъяснимые изменения направления и скорости. От него невозможно защититься: циклон сеет страх и тревогу.

Авторитетное мнение: «Просвещенный властитель так загадочен, что кажется, будто он живет нигде, так необъясним, что никто не может домогаться его. Он пребывает в бездействии наверху, а его советники трепещут внизу». Хань Фэй-цзы, китайский философ (III век до н. э.)

ЗАКОН
18

НЕ СТРОЙ КРЕПОСТЕЙ, ЧТОБЫ ЗАЩИТИТЬ СЕБЯ: ИЗОЛЯЦИЯ ОПАСНА

Формулировка закона

Мир опасен, а враги повсюду — каждый вынужден защищаться. Крепость кажется самым надежным убежищем. Но изоляция не только и не столько защищает нас, сколько подвергает еще большим опасностям: она лишает нас важной информации, делает заметной и уязвимой мишенью. Лучше быть среди людей и находить союзников. Прикройтесь от врагов толпой, словно щитом.

Ключи к власти

Макиавелли доказывает, что в военном смысле крепость неизбежно является ошибкой. Она становится символом изоляции власти и представляет легкую цель для врагов того, кто ее построил. Предназначенные для защиты, крепости на самом деле отрезают нас от помощи и лишают гибкости. Они могут казаться неприступными, однако, стоит только удалиться в одну из них, и вот уже всем известно, где вы находитесь. И не нужно большой хитрости, чтобы превратить крепость в тюрьму. Крепости, с их замкнутым тесным пространством, весьма уязвимы в отношении инфекционных заболеваний. В стратегическом смысле изоляция в крепости не дает защиты и на самом деле создает больше проблем, чем помогает решить.

Поскольку человек по природе своей существо общественное, власть зависит от социальных контактов и взаимодействий. Чтобы добиться власти, вы должны находиться в центре событий. Все события должны вращаться вокруг вас, вы должны быть осведомлены обо всем, что происходит на улицах, и обо всех, кто может плести против вас интриги. Опасность, по мнению большинства людей, возникает тогда, когда они чувствуют, что им что-то угрожает. В это время они стараются отступить и спрятаться в той или иной крепости. Однако, поступая так, они получают все меньше и меньше информации и теряют возможность видеть и оценивать происходящее вокруг. Они теряют маневренность и становятся легкой добычей, к тому же изоляция делает их подозрительными. В большей части стратегических игр изоляция часто предшествует поражению и смерти.

> Одиночество представляет опасность для рассудка, не благоприятствуя и добродетели... Смертный, стремящийся к уединению, несомненно, расточителен, возможно, суеверен и, по всей вероятности, безумен.
>
> *Д-р Сэмюэл Джонсон,*
> *1709–1784*

В моменты неопределенности и опасности вам нужно преодолеть желание спрятаться. Вместо этого возобновляйте старые связи и заводите новые, внедряйтесь в самые разные круги. В этом и состоит хитрость, к которой на протяжении столетий прибегают люди власти.

Римский государственный деятель и прекрасный оратор Цицерон по рождению был из мелкого незнатного рода. Его шансы добиться власти были бы ничтожны, если бы ему не удалось самостоятельно завоевать место среди правящей элиты города. Он проделал это и добился блестящего успеха, точно определяя влиятельных людей, а затем то, в каких отношениях они находятся между собой. Он бывал повсюду, он был знаком с каждым, у него была такая разветвленная сеть связей, что он с легкостью противопоставлял любому врагу союзника.

Король [Людовик XIV] не только следил, чтобы все высшее дворянство собиралось при его дворе, он требовал того же и от мелкого дворянства. При его «lever» и «coucher», во время трапез в версальских садах, он всегда смотрел вокруг, все примечая. Его задевало, если самые родовитые дворяне не жили при дворе постоянно, и те, кто никогда не появлялся или показывался лишь изредка, вызывали его крайнее неудовольствие.

Если кто-то из них обращался с прошением, король гордо ответствовал: «Мне он неизвестен» — и никто не смел возразить.

Герцог Сен-Симон,
1675–1755

Люди — социальные существа, следовательно, в искусстве быть приятными для окружающих можно добиться успеха, лишь постоянно вращаясь в обществе. Чем больше вы контактируете с людьми, тем легче вы всего добьетесь. Изоляция же не только придает напряженный вид, но и приводит к еще большей изоляции, потому что люди начинают вас сторониться.

Вместо того чтобы подумывать о крепости, посмотрите на мир иначе: это громадный дворец, где каждое помещение соединяется с соседним. Нужно стать открытым, научиться легко входить в различные круги и выходить из них, смешиваясь с самыми разными их представителями. Такая подвижность и легкость в общении защитит вас от недоброжелателей, которым не удастся хранить свои козни в секрете, и от серьезных врагов, которым не удастся изолировать вас от ваших сторонников. Находясь в постоянном движении, вы переходите из зала в зал, никогда не засиживаясь и не обосновываясь надолго в одном месте. Ни один охотник не успеет прицелиться и попасть в вас.

Образ: Крепость. Цитадель на вершине холма — символ всего нежелательного, ненавистного для власти. Горожане выдадут вас первому же врагу. Отрезанная от мира, крепость падет без сопротивления.

Авторитетное мнение: «Справедливый и мудрый властитель, желающий сохранить этот свой образ и не позволить сыновьям стать деспотичными правителями, не станет строить крепость, с тем чтобы сыновья надеялись на добрую волю подданных, а не на мощь цитаделей».
Никколо Макиавелли (1469—1527)

ЗАКОН

19

ЗНАЙ, С КЕМ ИМЕЕШЬ ДЕЛО: НЕ НАНОСИ ОБИДУ КОМУ НЕ СЛЕДУЕТ

Формулировка закона

В мире есть разные типы людей, и нельзя ожидать, что все они будут одинаково реагировать на одни и те же приемы. Вы запугаете или перехитрите кого-то — а он до конца дней будет вам мстить. Такие люди — волки в овечьей шкуре. Поэтому тщательно выбирайте жертву или противника и никогда не задевайте и не обижайте тех, кого не следует.

Оппоненты, простаки и жертвы

В процессе восхождения к власти вам предстоит встретиться со многими разновидностями оппонента, простака и жертвы. Наивысшая форма искусства власти — умение отличать волков от ягнят, лисиц от зайцев, соколов от стервятников. Если вы научитесь этому, то для достижения успеха не потребуется использовать принуждение и насилие. Но, если вы вслепую схватитесь с тем, кто встал на вашем пути, возможно, потом придется горько сожалеть об этом всю жизнь, какой бы долгой она ни была. Умение распознавать типы людей и действовать в соответствии с ними — жизненно важно. Ниже перечислены пять наиболее опасных и сложных типов обитателей джунглей, какими они виделись мастерам — как искусства, так и мошенничества — прошлого.

Обидчивый и горделивый. Хотя поначалу он может это скрывать, но уязвимое самолюбие делает его очень опасным. Стоит ему уловить малейшие признаки неуважения или пренебрежения к себе, как это приведет к взрыву необузданной ярости и насилия. Вы можете твердить сколько угодно: «Да ведь я всего лишь сказал то-то и то-то на вечеринке, где все напились...» Это неважно. У преувеличенной реакции такого человека нет рациональных причин, поэтому не тратьте время на попытки понять, что случилось. Если почему-либо вы заподозрили в человеке, с которым ведете дела, сверхобидчивость и чрезмерную гордыню, уносите ноги. Что бы вы ни надеялись получить от него, оно того не стоит.

Встретив воина с мечом, обнажи свой меч: не декламируй стихов тому, кто не является поэтом.

Из буддийской классики
(Цит. по книге «Гром с неба»)

Болезненно неуверенный. Этот тип имеет отношение к предыдущему, но он не так сильно выражен и его труднее распознать. Эго болезненно неуверенного в себе хрупко, его ощущение себя как личности уязвимо, и, если ему кажется, что его задевают или на него нападают, обиду ему трудно сдержать. Он будет отвечать мелкими укусами до тех пор, пока вы не начнете их замечать. Обнаружив, что вы обманули или обидели такого человека, скройтесь из виду надолго. Держитесь от него подальше — иначе он закусает вас до смерти.

Мистер Подозрительный. Другой вариант вышеупомянутых пород — будущий Иосиф Сталин. Он видит то, что хочет увидеть — обычно худшее,— в окружающих, и воображает, что все против него. Мистер Подозрительный на самом деле наименее опасен из троицы: он неуравновешен от природы, и его легко обмануть, в точности так, как постоянно обманывали самого Сталина. Сыграйте на его природной подозрительности, чтобы настроить и повернуть его против других. Но если вы станете объектом его подозрений, будьте бдительны.

Злопамятный змей. Обманутый или задетый, этот человек не выкажет внешнего гнева или обиды, он будет просчитывать и выжидать. Затем, когда придет его черед раскрыть карты, месть будет хладнокровной и меткой. Узнать этого человека можно по его расчетам и хитростям в самых разных областях жизни. Обычно он холоден и бесстрастен. Будьте вдвойне настороже со змеем и, если ненароком задели его, либо добейте, либо уберите из поля зрения.

Простой, невзыскательный и часто неумный. Ах, вы приняли охотничью стойку при виде такой аппетитной жертвы! Но подобного человека гораздо труднее обмануть, чем вам кажется. В западню чаще попадает тот, кто обладает умом и воображением. Тупица не схватит наживку потому, что просто не заметит ее. Он так безмятежен. Опасность этого типа не в том, что он навредит вам или будет искать отмщения, а главным образом в том, что он будет отнимать ваше время, энергию, ресурсы и даже ваш рассудок, пока вы пытаетесь обмануть его. Имейте наготове тест для проверки — анекдот, историю. Если человек все понимает абсолютно буквально, вы столкнулись с этим типом. Вам решать, иметь с ним дело или нет.

Образ: Охотник. Он не расставляет одинаковых ловушек для лисицы и волка. Он не положит приманку там, где ее некому схватить. Он знает досконально свою дичь, ее привычки, ее тропы и охотится удачно.

Авторитетное мнение: «Следует твердо знать, что не бывает людей, совершенно незначительных и незаслуживающих внимания. Время от времени нужно разрешать им быть полезными вам, чего они, безусловно, не станут делать, если хоть раз выказать им свое пренебрежение. Ошибки часто прощают, пренебрежение — никогда. Людская гордыня навсегда запоминает подобное». Лорд Честерфилд (1694—1773).

ЗАКОН 20

НИ С КЕМ НЕ ОБЪЕДИНЯЙСЯ

Формулировка закона

Только глупец торопится примкнуть к одной из сторон. Не вверяйте себя никому, кроме себя самого, не связывайте себя обязательствами. Сохраняя независимость, вы получите возможность властвовать — сталкивая людей между собой, заставляя их следовать за вами.

Ключи к власти

Власть чрезвычайно многолика, и следует научиться трюкам, улучшающим ваш имидж. Отказ от участия в группировках и альянсов с отдельными людьми — один из таких трюков. Держась в стороне, вы вызовете не раздражение, а своеобразное уважение. Вы постоянно кажетесь сильным и властным из-за вашей неуловимости в противовес большинству людей, поддающихся влиянию группы или родства. Эта аура власти со временем усиливается: растет ваша репутация независимого человека, и по мере этого все большее количество людей начинает нуждаться в вас, стремиться стать одним из тех, кому удастся склонить вас на свою сторону. Желание подобно вирусу: если мы видим, что окружающие тянутся к кому-либо, особа эта приобретает привлекательность и в наших глазах.

В ту минуту, когда вы отдаете кому-то предпочтение, магия рассеивается. Вы становитесь таким же, как все. Люди начинают применять любые коварные приемы, чтобы перетянуть вас в свой лагерь. Они будут забрасывать вас подарками, оказывать бесчисленные услуги, и все это для того, чтобы вы почувствовали себя обязанным им. Благодарите их за внимание к вам, стимулируйте их интерес, но не примыкайте ни к кому и ни за что. Если вам того хочется, можете принимать их подарки и услуги, но тщательно поддерживайте свою внутреннюю отстраненность. Вы не должны позволить себе почувствовать себя кому-либо обязанным.

Однако помните: ваша цель не в том, чтобы отделаться от всех или показаться неспособным на плодотворное сотрудничество. Подобно английской королеве Елизавете I, вы должны поддерживать кушанье подогретым, возбуждать интерес, соблазнять людей возможностью заполучить вас. Вам придется порой уступать их вниманию — но не заходя слишком далеко.

ЦЕНА ЗАВИСТИ

Бедная женщина торговала на рынке сырами. Кошка подкралась и стащила один. Собака, заметив воровку, хотела было отнять у нее сыр. Кошка и собака сцепились. Собака рычала и лаяла, кошка шипела и царапалась, но ни одна не могла взять верх в драке.

«Пойдем к лису, пусть он нас рассудит»,— предложила наконец кошка. «Хорошо, пойдем»,— сказала собака. И они отправились к лису. Тот выслушал обеих с рассудительным видом. «Глупые звери,— упрекнул он их,— кто же так себя ведет? Хотите, я поделю сыр пополам между вами, так что вы оба будете довольны». «Согласны»,— сказали собака и кошка. Лис вынул нож и разделил сыр, но, вместо того чтобы разрезать его вдоль, он рассек его по ширине. «Моя половина меньше»,— запротестовала собака. Лис посмотрел оценивающе из-под очков на долю собаки.«Ты права, совершенно права!» — решил он.

Лис подошел и откусил кусочек от доли кошки. «Теперь они сравнялись»,— сказал он. Кошка, увидев, что сделал лис, начала мяукать: «Посмотрите только! Мой кусок теперь меньше!»

Снова лис надел очки и поглядел оценивающе на долю кошки.

«Ты права! — сказал он.— Погодите-ка, я это исправлю». И он откусил кусочек от половинки собаки. Так лис подравнивал то кошачью, то собачью долю, пока не доел весь сыр прямо у них на глазах.

Натан Озюбель,
«Сокровища еврейского фольклора», 1948

Греческий воин и государственный деятель Алкивиад владел этой игрой в совершенстве. Именно он возглавил афинский флот, который вторгся в Сиракузы в 415 году до н. э. Когда завистники в Афинах попытались оклеветать его, сфабриковав против него обвинения, он, вместо того чтобы предстать перед судом на родине, попросил убежища у врагов — спартанцев. Позже, когда афиняне были разбиты под Сиракузами, Алкивиад перебрался из Спарты в Персию, хотя Спарта в то время переживала расцвет. Теперь уже и афиняне, и спартанцы искали расположения Алкивиада из-за его влияния в Персии, персы же осыпали его почестями благодаря его влиянию в Афинах и Спарте. Он давал обещания каждой стороне, но не выделял ни одну, и все козыри были у него в руках до самого конца.

Если вы стремитесь получить власть и влияние, испробуйте тактику Алкивиада: займите позицию между теми, кто ведет борьбу за власть. Обещайте одной стороне свою помощь. Другая сторона, всегда стремящаяся превзойти соперника, тоже постарается вас не упустить. А раз каждая из сторон ищет вашей поддержки, это придает вам вид особы влиятельной и желанной. Так вы получите больше власти, чем если бы примкнули к одной из сторон.

Есть и еще одна составляющая этого закона. Ее можно сформулировать так: не принимай ничью сторону, будь над схваткой.

Не позволяйте окружающим втягивать вас в их мелочные склоки и дрязги. Проявляйте интерес, делайте вид, что поддерживаете, но любым способом сохраняйте нейтралитет. Предоставьте другим сражаться, а сами наблюдайте и ждите. Когда стороны устанут и немного успокоятся, то упадут прямо вам в руки готовенькими. Вообще-то, можно бы взять за правило провоцировать ссоры и затем предлагать посредничество, преумножая свою власть.

Образ: Заросли кустов. В лесу один куст цепляется к другому, выставляя шипы в стороны соседей. Однако вдалеке на почтительном расстоянии друг от друга растут высокие, стройные деревья. Только то, что не приближается слишком близко, может возвышаться над чащей.

Авторитетное мнение: «Считай, что более мужественно не дать вовлечь себя в схватку, чем выиграть сражение, а там, где уже есть один вмешавшийся глупец, позаботься, чтобы их не стало двое». Бальтазар Грациан (1601—1658)

ЗАКОН 21

ПРИКИНЬСЯ ПРОСТАКОМ, ЧТОБЫ НАДУТЬ ПРОСТАКА: КАЖИСЬ ГЛУПЕЕ СВОЕЙ МИШЕНИ

Формулировка закона

Никому не нравится чувствовать себя глупее другого. Поэтому хитрость в том, чтобы дать вашей жертве почувствовать себя умным — и не просто умным, но более умным, чем вы. Однажды поверив в это, она никогда не заподозрит, что у вас могут быть скрытые мотивы.

Ключи к власти

Ощущение, что кто-то другой умнее нас, почти непереносимо. Мы обыкновенно стараемся найти этому любое оправдание: «Он просто нахватался из книг, а у меня настоящие знания», «Ее родители платили, чтобы дать ей хорошее образование. Были бы мои родители побогаче...», «Он не такой уж умный, как ему самому кажется».

Учитывая, насколько необходим ум для тщеславия большинства, невероятно важно не обидеть человека, поставив под сомнение его умственные способности. Это непростительный грех. Но если вы примете это железное правило и заставите его работать на вас, оно откроет необъятные возможности влияния на людей. Ненавязчиво показывая другим, что они умнее вас, убеждая их в вашем недалеком уме, даже слабоумии, вы сможете вить из них веревки. Чувство интеллектуального превосходства, которое вы дадите им, ослабит их бдительность.

В 1865 году Отто фон Бисмарку нужно было, чтобы Австрия подписала одно соглашение. Соглашение полностью отвечало интересам Пруссии и было не в пользу Австрии, и Бисмарку приходилось хитрить, чтобы добиться своего. Участник переговоров с австрийской стороны граф Бломе был заядлым картежником. Его любимой игрой был куинс, и он часто говаривал, что мог бы судить о человеке по тому, как он играет в куинс. Бисмарк знал об этом высказывании Бломе.

Вечером накануне начала переговоров Бисмарк с невинным видом пригласил Бломе на игру. Позднее он писал: «С тех пор я никогда больше не садился играть в куинс. Я играл так неосмотрительно, опрометчиво, что все были поражены. Я проиграл несколько тысяч талеров (денежная единица того времени), но мне удалось одурачить (Бломе), заставив его поверить, что я более азартен, чем на самом деле, и я не мешал ему так думать». Бисмарк не только показался безрассудным, он вел себя как человек неумный и недалекий, говорил глупости, непрерывно болтал, показывая, что не может держать себя в руках.

Ныне человек ничем не гордится так, как своими умственными способностями, поскольку именно они позволили ему завоевать господствующее положение в животном мире. Однако было бы крайне опрометчиво показать кому-то свое очевидное превосходство над ним в этом отношении да еще и обратить на это обстоятельство внимание окружающих... Если положение и богатство всегда берутся в расчет и от них зависит отношение к человеку в обществе, то с интеллектуальными способностями дело обстоит самым неожиданным образом: величайшая милость, которая им оказывается,— то, что их вообще не замечают. Если люди все же обращают на них внимание, то в этом случае рассматривают их как проявление неслыханной дерзости или как нечто, на что их обладатель не имеет законного права да еще осмеливается этим гордиться.

И в осуждение и в наказание за такое поведение люди втайне стараются унижать его всеми возможными способами! Если же они медлят с этим, то лишь потому, что ждут подходящего случая. Человек может являть образец скромности и смирения, если он превосходит людей в интеллектуальном отношении, они все равно вряд ли простят ему это преступление. В «Саду роз» Саади замечает: «Ты должен знать, что глупцам неизмеримо сильнее претит общество людей умных, нежели мудрецам — общество глупцов».

Артур Шопенгауэр,
1788–1860

Все это заставило Бломе думать, что он получает ценную информацию. Он знал об агрессивности Бисмарка — за пруссаком уже закрепилась такая репутация, и своим поведением он подтверждал ее. А агрессивные люди, как было известно Бломе, обычно глупы и несдержанны. Поэтому к моменту подписания соглашения Бломе был уверен, что у него есть преимущество. Безголовый дурень вроде Бисмарка, считал он, неспособен на хладнокровный расчет или обман. Поэтому Бломе лишь мельком просмотрел договор, прежде чем подписать его, и не стал изучать его окончательный вариант. Не успели высохнуть чернила, как Бисмарк радостно выкрикнул ему в лицо: «Ну и ну, никогда бы не поверил, что найдется австрийский дипломат, который согласится подписать этот документ!»

У китайцев есть выражение: «Надеть личину свиньи, чтобы убить тигра». Оно восходит к древнему способу охоты, когда охотник надевал на себя шкуру и пятачок свиньи, подражал ее поведению, хрюкал. Могучий тигр, думая, что перед ним свинья, позволял ей приблизиться, надеясь на легкую добычу. Но последним удавалось посмеяться охотнику.

Надевание маски свиньи творит чудеса с теми, кто, подобно тиграм, самонадеянны и надменны: чем более легкой кажется им добыча, тем проще вам будет поменяться с ними ролями.

Ум — это качество, которое полезно скрывать, но не останавливайтесь на этом. Вкус и утонченность соседствуют с умом на шкале тщеславия. Дайте людям почувствовать, что они изысканнее вас,— и они ослабят свою настороженность. Всегда позволяйте людям верить, что они умнее и тоньше вас, а поскольку им приятно это осознавать, вы дольше будете рядом с ними и у вас будет больше возможностей их обойти.

Образ: Опоссум, прикидывающийся мертвым. Хищники не трогают его. Кто бы мог подумать, что такое некрасивое, неумное и нервное маленькое существо способно на подобный обман?

Авторитетное мнение: «Знай, как можно применять глупость: самый мудрый человек иногда разыгрывает эту карту. Бывают случаи, когда высшая мудрость состоит в том, чтобы прикинуться глупым,— ты должен не быть невеждой, а уметь сыграть его. Не слишком правильно быть мудрецом среди дураков и нормальным среди лунатиков. Тот, кто изображает глупца, не глуп. Лучший способ добиться хорошего отношения со всеми — надеть на себя шкуру самого тупого из простаков». Бальтазар Грациан (1601—1658)

ЗАКОН 22

ИСПОЛЬЗУЙ ТАКТИКУ КАПИТУЛЯЦИИ: ОБРАТИ СЛАБОСТИ В СИЛУ

Формулировка закона

Когда вы слабее, ни в коем случае не сражайтесь ради чести. Вместо этого капитулируйте. Капитуляция даст вам время на то, чтобы оправиться от ран, и на то, чтобы измучить и раздражить победителя, и на то, чтобы дождаться, пока его мощь иссякнет. Не доставляйте ему удовольствия сразиться с вами и победить — капитулируйте раньше этого. Сделайте капитуляцию инструментом власти.

Ключи к власти

В империи власти нас часто подводит преувеличенная реакция на действия врагов и соперников. Она порождает трудности, которых можно было бы избежать, будь мы рассудительнее. Помимо прочего, конфликт грозит затянуться до бесконечности, так как соперник, в свою очередь, тоже резко реагирует. Нашим первым побуждением всегда бывает оказать сопротивление, на проявление агрессии в свою очередь ответить агрессией. Но в следующий раз, когда кто-то заденет вас и вы поймете, что собираетесь ответить тем же, попробуйте сделать вот что: не оказывайте сопротивления, не наносите ответного удара, а уступите, подставьте другую щеку, покоритесь. Вы убедитесь, что часто таким способом можно нейтрализовать противника — он ждет от вас ответной агрессии, даже хочет этого, а вы застаете его врасплох и обескураживаете, не оказывая сопротивления. Смиряясь, вы на самом-то деле становитесь хозяином положения, потому что ваша капитуляция является лишь частью плана, цель которого — усыпить врага, заставив его поверить, что вы сломлены.

Когда мимо проезжает важный господин, умный крестьянин низко поклонится и тихонько испустит ветры.

Эфиопская пословица

Суть этой тактики в следующем: вы сохраняете внутреннюю твердость, но внешне склоняетесь. Лишенные повода для проявления агрессии, ваши противники в замешательстве. У них нет причин, которыми они могли бы воспользоваться, чтобы ответить дальнейшим насилием, а оно потребовало бы агрессивного хода от вас. Вместо этого вы выиграли время и пространство для подготовки ответного маневра, который может оказаться для них сокрушительным. В поединке интеллекта с грубой силой и агрессией такая тактика — первоклассное оружие.

Вольтер жил в изгнании в Лондоне как раз в то время, когда антифранцузские настроения достигли самой высокой точки. Однажды, прогуливаясь по улицам, он был окружен озлобленной толпой. «Вздернем его, вздернем француза!» — кричали в толпе. Вольтер спокойно обратился к сборищу со следующими словами: «Англичане! Вы хотите убить меня за то, что я француз. Разве я уже недостаточно наказан тем, что не рожден англичанином?» В ответ на эти слова толпа разразилась приветственными криками и, не тронув, проводила его до самого дома.

Клифтон Фадиман,
«Коричневая книжечка анекдотов»,
1985

Во многих случаях лучше сдаться, чем вступать в борьбу; а если противник намного сильнее и очевидно, что поражение неминуемо, тем более лучше сдаться, чем бежать. Бегство спасет на короткое время, но рано или поздно враг настигнет. Сдавшись, вы получаете возможность обвиться вокруг неприятеля и, вонзив в него зубы, поразить с близкого расстояния.

В 473 году до н. э. древнекитайский правитель царства Юэ Гу Чжан получил сокрушительное поражение от правителя царства У в битве при Фучжоу. Гу Чжан намеревался скрыться, но его советник подсказал другое: сдаться и постараться попасть на службу к правителю У, получив таким образом возможность как следует изучить его и подготовить реванш. Решив последовать этому совету, Гу Чжан отдал победителю все свои богатства и нанялся простым работником в его конюшни. В течение трех лет он вел себя смиренно, и наконец правитель, поверив в его лояльность, позволил ему вернуться к себе домой. На самом деле, однако, Гу Чжан все три года собирал информацию и планировал ответный удар. Когда У поразила страшная засуха и внутренние беспорядки ослабили царство, он, собрав армию, вторгся в У и одержал легкую победу. Вот какая сила стоит за капитуляцией: она дает вам время и гибкость для подготовки разрушительного ответного удара. Если бы Гу Чжан просто бежал, этот шанс был бы для него потерян.

Власть — это постоянное движение, приливы и отливы, потому что игра в нее сродни потоку; власть — это арена постоянной борьбы, где восхождение наверх очень часто сменяется падением. Если вы чувствуете, что наступила усталость, маневр с капитуляцией прекрасно поможет вновь подняться на ноги — добровольная сдача позиций маскирует ваши притязания, учит терпению и самообладанию, самым нужным навыкам во властной игре и помогает занять самое выгодное положение, из которого вы можете внезапно нанести удар по неприятелю. Если вы убежите или продолжите бой — это в итоге приведет к поражению. Если сдадитесь, это почти наверняка впоследствии обернется славной победой.

> **Образ:** Дуб. У дуба, который сопротивляется ветру, одна за другой ломаются ветви, ему нечем защитить ствол, и он рано или поздно дает трещины. Дуб, который склоняется, живет дольше, его ствол становится все толще, а корни уходят вглубь и делаются все более цепкими.

Авторитетное мнение: «Вы слышали, что сказано: око за око и зуб за зуб. А Я говорю вам: не противься злому. Но кто ударит тебя в правую щеку твою, обрати к нему и другую; и кто захочет судиться с тобою и взять у тебя рубашку, отдай ему и верхнюю одежду; и кто принудит тебя идти с ним одно поприще, иди с ним два». (Евангелие от Матфея 5:38—41)

ЗАКОН 23

КОНЦЕНТРИРУЙ СВОИ СИЛЫ

Формулировка закона

Сохраняйте силы и энергию, копите и храните их в концентрированном виде. Вы добьетесь большего, открыв богатую жилу и углубляя ее, чем порхая от одной неглубокой шахты к другой,— интенсивная разработка всякий раз побивает экстенсивную. Изыскивая источники мощи, которая возвысит вас, найдите один главный ключ, тучную корову, и она в течение долгого времени будет снабжать вас молоком.

Ключи к власти

Мир страдает от все нарастающего разделения и дробления — внутри стран, политических групп, семей, даже отдельных личностей. Мы все находимся в состоянии полной рассеянности, никак не можем сосредоточиться, удержать свои мысли в одном направлении, пока нас не потянули в тысячи других. Уровень конфликтности в современном мире выше, чем когда-либо, и мы впустили все это в наши собственные жизни.

Решением может стать уход: в себя, в прошлое, в более концентрированные формы мысли и действия. Наполеон знал важность сосредоточения сил и удара по слабому звену противника — в этом был секрет его успехов на полях сражений. Целеустремленность, умение концентрироваться на решении задачи и главное — умение применить все эти качества против людей менее сосредоточенных, людей в состоянии смятения — такая стрела всегда найдет свою мишень и каждый раз поразит врага.

> Лучшая стратегия — всегда быть сильнейшим; сначала в общем, затем — в определяющих пунктах...
>
> Нет закона более высокого и более простого, чем необходимость концентрировать свои силы...
>
> Кратко первый принцип гласит: действуй с предельной концентрацией.
>
> *Карл фон Клаузевиц,*
> *1780–1831*

Казанова объяснял свой жизненный успех способностью сосредоточиться на единой цели и добиваться ее, пока она не поддастся. Именно благодаря своей способности полностью отдавать себя женщинам, которых он желал, он стал неотразимым соблазнителем. Недели или месяцы, когда одна из этих женщин находилась в сфере его внимания, он не думал больше ни о ком. Когда его подвергли заключению под коварной свинцовой кровлей Дворца дожей в Венеции, в тюрьме, откуда никому не удавалось бежать, он сконцентрировался на обдумывании единственной цели — побеге. Перевод в другую камеру, означавший, что месяцы работы над подкопом пропали втуне, не обескуражил его, он не отступил и в конце концов совершил побег. «Я всегда верил,— писал он позднее,— что если человек задумает добиться чего-то и будет заниматься только этим, то он неизбежно преуспеет, невзирая на трудности. Этот человек сможет стать великим визирем или Папой Римским».

Берегись расточать свои силы, постоянно старайся накапливать их. Гений полагает, что он может делать все, что делают другие, но ему наверняка придется раскаяться в каждом несправедливом суждении.

Иоганн Вольфганг Гете,
1749—1832

В мире власти вы постоянно будете нуждаться в помощи окружающих, как правило, людей более могущественных, чем вы сами. Глупец порхает от одного человека к другому, веря, что ему удастся выжить, разбрасываясь таким образом. Следствие закона концентрации, однако, гласит, что можно сохранить много сил и получить больше власти, прилепившись к одному определенному источнику власти. Ученый Никола Тесла потерпел крах из-за того, что верил, будто сохраняет свою независимость тем, что не служит одному господину. Он отказал даже самому Моргану, предлагавшему ему выгодный контракт. На самом деле «независимость» Теслы означала, что, отказываясь от покровительства одного могущественного патрона, он постоянно был вынужден угождать десяткам других. В конце своей жизни он осознал свою ошибку.

Наконец, власть сама по себе существует в концентрированных формах. В любой организации неизбежно рычаги управления находятся в руках маленькой группы людей. И часто это вовсе не титулованные особы. В игре власти лишь глупец молотит мимо цели, не умея сосредоточиться на ней. Вы должны выяснить, кто руководит действиями, кто действительно режиссирует из-за кулис. Как обнаружил Ришелье в самом начале своего восхождения, на французской политической сцене начала XVII века всем заправлял отнюдь не король Людовик XIII, а его мать. Поэтому он прилепился к ней и, взмыв над головами придворных, проделал свой путь наверх.

Достаточно взбить масло единожды — состояние и власть обеспечены вам до конца дней.

Образ: Стрела. Вы не можете поразить две цели одной стрелой. Если ваши мысли блуждают, вы не попадете в сердце врага. Мысль и стрела должны слиться в одно целое. Только достигнув такой концентрации ментальной и физической силы, вы поразите своей стрелой цель и пронзите сердце.

Авторитетное мнение: «Почитай глубину больше, чем широту. Совершенство определяется качеством, а не количеством. Ширь сама собой не в состоянии возвыситься над посредственностью, и это несчастье людей с обширными общими интересами: гоняясь за несколькими зайцами, они не могут поймать ни одного. Глубина позволяет устремиться вверх и возвышает до уровня героев в материях величественных». Бальтазар Грациан (1601—1658)

ЗАКОН 24

ПОСТУПАЙ КАК ИСТИННЫЙ ПРИДВОРНЫЙ

Формулировка закона

Истинный придворный процветает в мире, где все вращается вокруг власти и политической сноровки. Он в совершенстве владеет мастерством косвенного намека. Он льстит, уступает и утверждает свою власть над другими в самой изящной и уклончивой манере. Изучайте и применяйте законы двора — и вашему росту не будет предела.

Законы придворной политики

Не выставляй себя напоказ. Это всегда неосторожно — распространяться о себе или привлекать слишком пристальное внимание к своим действиям. Чем больше вы разглагольствуете о своих делах, тем больше подозрений вызываете. Помимо всего прочего, это может вызвать зависть. Помните об осторожности, распространяясь о своих достижениях, и возьмите за правило говорить о себе меньше, чем о других людях.

Будь беспечным. Никогда не показывайте, что слишком много трудитесь. Ваш талант должен казаться чем-то естественным, легким — тогда вас будут считать гением, а это лучше, чем прослыть трудоголиком. Людям приятнее восхищаться тем, как легко и изящно вы добиваетесь цели, чем ужасаться тому, какого адского труда это стоило.

> Человек, знающий двор, становится господином своих жестов, глаз и лица; он глубок и непроницаем; он скрывает неудовольствие, улыбается врагам, не дает воли раздражению, маскирует свои страсти, обуздывает сердце, говорит и действует наперекор своим чувствам.
>
> *Жан де Лабрюйер,*
> *1645—1696*

Знай меру в лести. Может показаться, будто для тех, кто выше вас по положению, лести не может быть излишне много, но даже очень хорошие вещи обесцениваются, когда возникает избыток. Кроме того, это вызовет подозрения у тех, кто вам ровня. Научитесь льстить не прямолинейно — занижая собственные достижения, к примеру, или помогая господину выглядеть лучше.

Позаботься, чтобы тебя заметили. Вот вам парадокс: не следует беспардонно лезть на глаза и все же необходимо принять меры, чтобы быть замеченным. У того, кого государь не выделит из множества придворных, нет никакого шанса подняться.

Эта задача требует немалого искусства. Часто в самом начале и впрямь нужно, чтобы вас увидели — в буквальном смысле. Поэтому нужно уделить внимание своему внешнему виду и постараться создать характерный, отличный от всех — отличный почти неуловимо — стиль и образ.

Изменяй стиль и язык общения, в зависимости от того, с кем имеешь дело. Ложная вера в равенство — якобы цивилизованный человек разговаривает и ведет себя одинаково со всеми, независимо от занимаемого ими положения,— на самом деле роковая ошибка. Те, кто по рангу ниже вас, воспримут это как проявление снисходительности, и будут правы, а вышестоящие обидятся, хотя, возможно, не признаются вам в этом. Необходимо изменять стиль и язык с каждым новым собеседником. Это не ложь, но притворство, а притворство — искусство, а не дар Божий.

ДВЕ СОБАКИ

Дворовый, верный пес Барбос,
Который барскую усердно службу нес,
Увидел старую свою знакомку,
Жужу, кудрявую болонку,
На мягкой пуховой подушке, на окне.
К ней ластяся, как будто бы к родне,
Он с умиленья чуть не плачет,
И под окном визжит, вертит хвостом и скачет.
«Ну что, Жужутка, как живешь
С тех пор, как господа тебя в хоромы взяли?
Ведь помнишь: на дворе мы часто голодали.
Какую службу ты несешь?» —
«На счастье грех роптать,—
Жужутка отвечает.—
Мой господин во мне души не чает;
Живу в довольстве и добре,
И ем и пью на серебре;
Резвлюся с барином; а ежели устану,
Валяюсь по коврам и мягкому дивану.
Ты как живешь?» —
«Я,— отвечал Барбос,
Хвост плетью опустя и свой повеся нос,—
Живу по-прежнему: терплю и холод, и голод,
И, сберегаючи хозяйский дом,
Здесь под забором сплю и мокну под дождем;

А если невпопад залаю, то и побои принимаю.
Да чем же ты, Жужу, в случай попал,
Бессилен бывши так и мал,
Меж тем как я из кожи рвусь напрасно?
Чем служишь ты?» —
«Чем служишь! Вот прекрасно! —
С насмешкой отвечал Жужу.—
На задних лапках я хожу».

Иван Крылов,
1769—1844

Не приноси дурные вести. Король приказывает казнить гонца, доставившего плохие вести. Это штамп, но штамп правдивый. Вы должны бороться, а если нужно, лгать и изворачиваться, добиваясь, чтобы участь вестника беды досталась вашему коллеге, а не вам.

Избегай фамильярности и демонстрации близости к своему начальству. Начальнику не нужен приятель вместо подчиненного, ему нужен подчиненный. Никогда не подходите к нему со свойским, фамильярным видом и не подчеркивайте дружеских отношений — это его прерогатива.

Никогда прямо не критикуй вышестоящего. Может, это само собой разумеется, но бывают случаи, когда критика необходима,— если промолчать или не посоветовать ничего, это породит опасность иного сорта. Вам следует научиться давать советы или критиковать со всей доступной вам вежливостью и уклончивостью.

Не проси об одолжении тех, кто выше тебя. Ничто так не раздражает вышестоящего, как необходимость отказывать просителю. Это вызывает чувство вины и возмущение. Обращайтесь с просьбами лишь в случае крайней необходимости и знайте, когда остановиться. Самое важное: не обращайтесь с просьбами от лица других людей и в последнюю очередь — от имени друзей.

Никогда не подшучивай над внешним обликом или вкусом. Живой ум и склонность к юмору — необходимые качества настоящего придворного, а порой и вульгарность уместна и желательна. Однако избегайте всякого рода шуток касательно внешнего вида или вкуса, двух очень чувствительных зон, особенно для тех, кто стоит над вами.

Не становись придворным циником. Радуйтесь успехам других. Если вы постоянно критикуете равных себе или подчиненных, это отразится и на вашей персоне, словно окутает серым облаком, сопровождающим везде. Люди будут ворчать по поводу каждого нового замечания, вы будете вызывать у них раздражение. Выражая (умеренно) восторги по поводу достижений окружающих, вы парадоксальным образом обратите внимание на себя.

Умей видеть себя со стороны. Зеркало — изобретение поистине чудесное, без него мы постоянно согрешали бы против красоты и внешних приличий. Вам тоже необходимо зеркало для отражения ваших поступков. Зеркалом могут служить окружающие, когда сообщают, как они воспринимают вас, но это не самый достоверный метод. Станьте своим собственным зеркалом, тренируя свой ум, чтобы видеть себя таким, каким видят вас окружающие. Вы ведете себя чересчур раболепно? Слишком стараетесь угодить? Наблюдайте за собой со стороны — и вы избежите многих промахов и просчетов.

Владей своими чувствами. Подобно хорошему театральному актеру, вам предстоит научиться плакать и смеяться как по заказу, в нужный момент. Вы должны уметь скрывать гнев и разочарование, маскировать радость и удовлетворение. Обучайтесь владению своей мимикой.

Соответствуй духу времени. Небольшой налет ретро может выглядеть очаровательно, если выбрать период прошлого не менее двадцатилетней давности. Обращение к стилю последних нескольких лет покажется нелепым и будет уместно для того, кто избрал роль придворного шута. Ваше душевное состояние и образ мыслей должны идти в ногу со временем, даже если время оскорбляет ваши чувства. Однако, став слишком авангардным, передовым, вы рискуете остаться никем не понятым.

Стань источником удовольствия. Это принципиально важно. Закон человеческого естества заставляет избегать неприятного или противного, тогда как очарование и предвкушение радости тянет нас, словно мотыльков на пламя. Не каждый способен играть роль фаворита, далеко не все наделены шармом и острым умом. Но любой из нас может обуздать свои неприятные качества и затушевать их при необходимости.

ЗАКОН 25

СОТВОРИ СЕБЯ ЗАНОВО

Формулировка закона

Не принимайте роли, которую навязывает вам общество. Создайте себя заново, не уставайте являть миру ту индивидуальность, которая привлекала бы внимание и никогда не наскучивала публике. Лучше быть творцом собственного облика, чем позволять другим определять его для вас. Добавьте театральности своим общественным делам и выступлениям — ваша власть возрастет, а ваш образ обретет масштаб и достоверность.

Ключи к власти

Характер, с которым вы, как вам кажется, родились, не обязательно соответствует тому, кем вы на самом деле являетесь. Помимо наследственных черт, переданных генетически, на формирование вашей индивидуальности оказали влияние родители, друзья и приятели. Прометеева задача в том, чтобы взять в свои руки управление этим процессом, не передоверяя окружающим право определять и лепить свой характер. Переделайте себя в сильную натуру. Лепите себя, как из глины,— это может оказаться одной из самых масштабных и приятных жизненных задач. Это делает из вас, по существу, художника — художника, творящего себя самого.

Первый шаг на пути формирования характера есть осознание себя, самопознание. Почувствуйте себя актером, научитесь управлять своими эмоциями и определять свой внешний облик. Как сказал Дени Дидро, плохой актер тот, кто всегда искренен. Мы испытываем неловкость в обществе людей, у которых все их мысли и переживания написаны на лице, которые ничего не умеют скрывать. Их искренность утомительна и невыносима, да их и трудно принимать всерьез. Те, кто плачет и кричит при людях, иногда вызывают сочувствие, но оно рано или поздно переходит в раздражение и презрение к их зацикленности на самих себе.

Человек, который вознамерился попытать счастья в этой древней столице мира [Риме], должен быть хамелеоном, восприимчиво отображающим краски окружающей его атмосферы, Протеем, способным принимать любую форму, любые очертания. Он должен быть гибким, податливым, неопределенным и вкрадчивым, близким, неуловимым, загадочным и непостижимым, часто низменным, порой искренним, иногда вероломным; всегда скрывающим часть своего знания, способным льстить уже одним тоном своего голоса; спокойным, безупречным хозяином собственной мимики, быть холодным, словно лед, когда человек пылал бы, как в огне; и если, к несчастью, он не религиозен в сердце — что очень часто случается с теми, кто обладает вышеперечисленными качествами,— он должен иметь религию в уме, так сказать, изображать ее на своем лице, на губах, в манерах; он должен страдать спокойно, а если он был честным человеком, то ему следует осознать себя в качестве отъявленного лицемера.

Человек, душа которого противится такой жизни, должен оставить Рим и искать удачи где-то в другом месте. Я не знаю, хвалю я себя или оправдываюсь, но из всех перечисленных качеств я обладал лишь одним, а именно, гибкостью.

Джованни Джакомо Казанова,
1725–1798

Хорошие актеры прекрасно владеют собой. Они могут сыграть искренность и сердечность, они могут выжать слезу и бросить взгляд, полный сочувствия, но им вовсе не обязательно для этого испытывать соответствующие чувства. Они демонстрируют проявление эмоций в форме, понятной окружающим. Ни один правитель, ни один политический лидер не смог бы справиться со своей ролью, если бы даже не все, а хоть часть переживаний, которые ему приходится изображать, была искренней. Поэтому учитесь самоконтролю. Перенимайте пластичность и гибкость актеров, которые могут лепить свое лицо в зависимости от того, какое чувство нужно выразить.

Второй шаг в процессе сотворения себя — создание запоминающегося, яркого характера, привлекающего внимание, превосходящего партнеров по сцене. Такую игру избрал для себя Авраам Линкольн. Он знал, что обыкновенный человек, провинциальный юрист станет тем типом президента, которого еще не знала Америка, и получит неоспоримые преимущества на выборах. Хотя многие из этих качеств были ему присущи от природы, он подчеркнул их — шляпа и одежда, борода. (Ни один президент до него не носил бороды.) Хороший театр, однако, требует чего-то большего, чем интересный внешний облик персонажа или отдельная выдающаяся сцена. Драма разворачивается во времени — это протяженное событие. Ритм и чувство времени играют важнейшую роль. Секрет того, как заставить зрителей вытягивать шеи и затаить дыхание, в том, чтобы дать событиям развиваться медленно, а затем в решающий момент ускорить их ход, регулируя темп (да и сами события) по своему усмотрению. Великие властители, от Наполеона до Мао Цзэдуна, прибегали к театральным эффектам, чтобы поражать и развлекать публику.

Старайтесь, однако, не переигрывать — это может оказать обратный эффект, как любой способ привлечь к себе внимание с затратой слишком многих усилий и средств. Актер Ричард Бартон в самом начале своей творческой деятельности обнаружил, что, стоя на сцене абсолютно неподвижно, он притягивает внимание к себе, отвлекая его от других актеров. Другими словами, то, что вы делаете, менее важно, чем то, как вы это делаете,— ваше изящество, грация и внушительное спокойствие засчитываются на социальной сцене выше, чем слишком активная деятельность и суета.

И последнее: научитесь играть много ролей, быть тем, кто нужен в данный момент. Приспосабливайте свои маски к ситуации — будьте многоликим, надевая то лицо, которого от вас ждут. Бисмарк в совершенстве владел этой игрой: с либералом он был либералом, с хищником становился хищником. Он был недоступен пониманию, а то, что нельзя понять, невозможно уничтожить.

Образ: Греческое божество, старец Протей. Своей властью он был обязан способности по собственной воле менять внешний облик, превращаться во что угодно. Когда Менелай, брат Агамемнона, попытался схватить его, Протей превратился в льва, затем в змея, пантеру, кабана, текущую воду и, наконец, в зеленое дерево.

Авторитетное мнение: «Научись быть всем для всех. Осторожный Протей — ученый с учеными, святой со святыми. Это — искусство побеждать всякого, поскольку подобное притягивается подобным. Замечай характер каждого встречного и подражай ему — следуй по очереди примеру то серьезного, то игривого, меняя настроение обдуманно и осторожно». Бальтазар Грациан (1601—1658)

ЗАКОН 26

ДЕРЖИ РУКИ ЧИСТЫМИ

Формулировка закона

Вы должны выглядеть образцом порядочности и работоспособности: ваши руки никогда не были осквернены ошибками и грязными делами. Сохраняйте этот незапятнанный облик, используя других в качестве своего орудия и скрывая собственное участие.

Ключи к власти

Случайные ошибки неизбежны — ведь мир так непредсказуем. Людей власти, однако, губят не ошибки, а то, как они их исправляют. Подобно хирургам, они должны удалить злокачественную опухоль быстро и радикально. Извинения и оправдания — слишком тупые инструменты для подобной операции, власть имущие их избегают. Принося извинения, вы приоткрываете лазейку для сомнений в вашей компетентности, в ваших намерениях, заставляете задуматься о том, сколько других ошибок вы, возможно, совершили, не раскаявшись. Извинения никого не удовлетворяют, а оправдания вызывают чувство неловкости. Ошибка не исчезает из-за принесенных извинений, она усугубляется и воспаляется. Лучше уж обрезать все разом, отвлечь от себя внимание окружающих, сфокусировав его на подходящем козле отпущения, прежде чем люди успеют осознать вашу ответственность или, быть может, вашу некомпетентность.

Выполняй сам все то, что приятно, вещи же неприятные предоставь делать за тебя другим. Первое поможет тебе снискать расположение, второе — отвести от себя немилость. Важные свершения не обходятся без поощрений и кар. Пусть же от тебя исходит только благо, а зло — лишь от других.

Бальтазар Грациан,
1601–1658

Часто на роль жертвы для заклания выбирают именно самого невинного. Такой человек недостаточно влиятелен, для того чтобы сопротивляться, а его наивные протесты можно трактовать как доказательство вины. Но следует соблюдать осторожность и чувство меры, чтобы не создать образ мученика. Важно, чтобы не он, а вы выглядели жертвой, несчастным властителем, которого подвели и даже предали негодные приближенные. Если ваш козел отпущения выглядит слишком слабым, а наказание непомерно жестоким, вы можете пасть жертвой собственной комбинации. Иногда необходимо подобрать на эту роль кого-то посильнее — того, кто в конце концов вызовет меньше симпатий.

История то и дело демонстрирует, что на роль козла отпущения берут приближенного. Это известно как «падение фаворита».

Большинство королей заводят фаворита — человека, которого они выделяют, порой без видимой причины, осыпая его милостями и знаками особого внимания. Но такой фаворит часто служит подходящим козлом отпущения, в случае если что-то угрожает репутации короля. Одни придворные с готовностью поверят в справедливость обвинения — к чему бы королю жертвовать любимцем, если за тем нет вины? Другие же, завидующие фавориту, всегда порадуются его свержению. Король между тем избавляется от человека, который к тому времени, возможно, слишком много успел узнать о нем, стал, возможно, слишком уверен в своей власти над патроном, даже тайно презирает его. Выбор близкого союзника, партнера в качестве жертвы имеет тот же смысл, что «падение фаворита». Вы можете потерять друга или помощника, но с учетом отдаленной перспективы скрыть свои ошибки — это важнее, чем удерживать рядом с собой кого-то, кто в один прекрасный день может повернуться против вас. Кроме того, вы всегда найдете нового фаворита.

Вам как лидеру ни в коем случае нельзя замарать руки нечистыми или кровавыми делами, ваша репутация должна оставаться незапятнанной. В то же время власть не может выжить без постоянного подавления людей — всегда будет потребность в разных грязных делишках, необходимых для того, чтобы удержаться на троне. Для этого-то и требуется фаворит, который, как доверчивый кот из басни, собственной лапой таскал бы для вас из огня каштаны.

Выберите кого-нибудь, кто не входит в ваш ближайший круг и поэтому вряд ли поймет, что его или ее используют. Вы найдете таких простофиль повсюду — им доставляет удовольствие угождать начальству, особенно если кинуть им пару-тройку косточек в награду. Но, хотя они выполняют задания, которые кажутся им вполне невинными или по крайней мере не выходящими за рамки закона, они, по сути, расчищают для вас поле деятельности, распространяя информацию, которой вы снабжаете их, способствуют продвижению вашего дела и пачкают свои руки, в то время как на вас не появляется ни пятнышка.

Самый простой и действенный способ использовать «кошачью лапку» — это снабдить человека информацией, которую он затем распространит и донесет до того, кому вы ее предназначали. Ложная или специально внедряемая информация — мощное орудие, особенно если ее распространяет тот, кто вне подозрений. Вам будет легко изображать невинность, не выдавая, что вы-то и являетесь источником информации.

Как бы то ни было, всегда старайтесь иметь на примете кого-то на невыгодную роль палача или гонца, несущего дурные вести, сами же оставайтесь источником только добрых и радостных вестей.

Образ: Невинный ягненок. В день принесения искупительной жертвы верховный жрец приносит ягненка в храм, возлагает руки на его голову и исповедуется в грехах всего народа, перенося вину на безвинное животное, которое затем препровождают в дикую местность и бросают, а с ним исчезают грехи и вина народа.

Авторитетное мнение: «Глупость состоит не в совершении глупости, а в неспособности скрыть ее. Все люди совершают ошибки, но мудрецы скрывают свои промахи, тогда как глупцы выставляют их напоказ. Репутация более зависит от того, что скрыто, чем от того, что видно. Если не можешь быть добродетельным, по крайней мере будь осторожным». Бальтазар Грациан (1601—1658)

ЗАКОН 27

ИГРАЙ НА НУЖДАХ ЛЮДЕЙ, СОЗДАВАЯ АРМИЮ ФАНАТИЧНЫХ ПРИВЕРЖЕНЦЕВ

Формулировка закона

Люди испытывают сильнейшее желание во что-нибудь верить. Станьте объектом такого желания, дав им основание, новую веру, которой они смогут следовать. Пусть ваши речи будут неясными, но обещающими, энтузиазм ставьте выше разума и ясности мышления. Дайте вновь приобретенным последователям ритуалы, которые они смогут исполнять, призывайте их к жертвоприношениям от вашего имени. В отсутствие организованной религии и великих примеров для подражания ваша новая система верований принесет неограниченную власть.

Как создать культ за пять простых шагов

В поисках методов (они вам понадобятся!), приносящих максимум власти при наименьших усилиях, вы обнаружите, что один из наиболее эффективных способов — вызвать поклонение себе как объекту культа. Если вам удается увлечь за собой массы, перед вами откроются всевозможные пути для обмана. Приверженцы будут боготворить вас; более того, они защитят вас от врагов и добровольно возьмут на себя труд по вовлечению окружающих в еще только зарождающийся культ вашей персоны. Этот тип власти возвысит вас, и вы попадете в другой мир — больше вам не придется прибегать к хитрости или насилию, чтобы навязать свою волю. Вас обожают, и отныне вы непогрешимы.

Вам может показаться, что эта задача невыполнима, грандиозна, но на самом деле ничего трудного нет. Спеша поверить во что-нибудь, люди производят святых и пророков из ничего. Не давайте же этому легковерию пропасть втуне: сделайте себя объектом поклонения. Пусть люди соорудят культ вокруг вас.

Первый шаг. Будь проще, будь туманнее. Чтобы создать культ, прежде всего нужно привлечь к себе внимание. Это полагается делать не с помощью поступков — они слишком понятны и легко читаются, а с помощью слов, туманных и обманчивых. Ваши первые выступления, интервью, разговоры должны включать два элемента: с одной стороны, обещать нечто великое, какой-либо переворот, а с другой — быть совершенно неуловимыми, неконкретными. Это сочетание подстегнет мечты ваших слушателей, которые сами начнут проводить параллели, додумывать, видеть то, что им хочется увидеть.

Постарайтесь говорить о предмете нового культа ярко и заразительно, но при этом расплывчато, чтобы лишь немногие понимали вас. Если все правильно выполнить, сочетание неясных обещаний, туманных, но соблазнительных идей и яростного энтузиазма взбудоражит людские души, и группа вокруг вас будет расти.

Второй шаг. Придавай особое значение всему внешнему и эмоциям в противовес интеллекту. Когда люди начнут группироваться вокруг вас, откуда ни возьмись появятся две опасности: скука и скептицизм. Скука гонит людей в другие места. Скептицизм позволяет им рационально обдумывать все, с чем вы выступаете перед ними, он развеивает туман, так искусно нагнанный вами, он показывает, чего на самом деле стоят ваши идеи. Поэтому вам необходимо развлечь скучающих и обезвредить циников.

Шарлатану было на руку, когда легковерных людей становилось все больше, так что группы его приверженцев росли с огромной скоростью, обеспечивая ему неимоверный успех, даже триумф. И это на самом деле происходило по мере популяризации науки, начиная с Возрождения и в последующие века...

Огромное большинство людей во все времена тянулись к невероятному и таинственному, а в определенные исторические периоды эта тяга особенно обострялась — когда сотрясались основы спокойного бытия и сама жизнь сходила с привычной колеи, а ценности, экономические или духовные, казалось, теряли свою значимость. В такие времена количество шарлатанов резко возрастало.

Грете де Франческо,
«Власть шарлатана», 1939

Лучший способ сделать это — прибегнуть к театральным эффектам. Окружите себя роскошью, ослепите своих сторонников внешним блеском, пустите им пыль в глаза, устройте спектакль. Это не только замаскирует нелепость ваших идей, прикроет нестыковки в системе верований, но и привлечет больше внимания и больше поклонников.

Третий шаг. Придай своей группе структуру религиозной организации. Количество ваших приверженцев растет — подошло время организовать их. Организованные религии обладают проверенным и несомненным авторитетом в глазах огромного количества людей, сохраняя его даже в наш, якобы подверженный обмирщению, век. Создавайте ритуалы для своих приверженцев; организуйте их в иерархические структуры, выстраивая по степени личной преданности; присваивайте им имена и титулы, которые перекликались бы с религиозными образами; просите их о жертвах, которые будут заполнять ваши сундуки и усилят вашу власть.

Четвертый шаг. Не открывайте источники ваших доходов. Ваша группа выросла, вы выстроили на ее основе что-то вроде церкви. Сундуки ваши начинают наполняться деньгами приверженцев. Однако вы ни в коем случае не должны проявлять интереса к деньгам и к власти, которую они дают. До поры до времени следует скрывать и источник ваших доходов.

Вашим последователям хочется верить: если они пойдут за вами, всевозможные ценные вещи начнут падать прямо им в руки. Окружая себя роскошью, вы являете собой живое доказательство правдивости собственной системы. Не давайте докопаться до истинного происхождения вашего богатства — то есть карманов ваших приверженцев. Пусть верят, что оно пришло к вам в результате истинности ваших идей и методов.

Люди так простодушны и так рабски зависят от своих повседневных потребностей, что лживый человек всегда найдет множество таких, кто с готовностью поддастся обману.

Никколо Макиавелли,
1469—1527

Пятый шаг. Подготовьте операцию «Кто не с нами, тот против нас». Группа ваша еще разрослась и теперь процветает, это магнит, притягивающий все новые и новые частички. Если вы не будете начеку, может сработать инерция, в результате которой время и скука размагнитят группу. Чтобы держать людей в тонусе, вы сейчас должны проделать то, что известно всем религиям и идеологиям: создать движение <кто-не-с-нами-тот-против-нас>.

Первым делом убедите ваших последователей в том, что они являются частью привилегированного клуба и их объединяют узы общих целей. Теперь, чтобы укрепить эти узы, объявите о появлении коварного врага, желающего вас уничтожить. Если у вас нет врагов, изобретите их.

ЗАКОН 28

ПРИСТУПАЙ К ДЕЛУ БЕЗ КОЛЕБАНИЙ

Формулировка закона

Если вы не уверены в том, как пойдет дело, не начинайте его. Ваши сомнения и колебания повредят исполнению. Смущение опасно: лучше начинать поувереннее. Любые ошибки, допущенные из-за самоуверенности, легко исправить с помощью еще большей самоуверенности. Смелость берет города; скромность не в чести.

Ключи к власти

Мы в большинстве своем застенчивы, скованны. Мы стремимся избегать конфликтов, мы хотели бы всем нравиться. Мы еще можем помечтать о героических словах и поступках, но почти никогда не осмеливаемся осуществить их. Нас ужасают возможные последствия, но особенно страшит, что могут подумать о нас окружающие. Мы думаем о враждебности, которую можем возбудить, если осмелимся выйти за отведенные нам рамки.

На словах мы всегда отрицаем свою робость, выдаем ее за трогательную заботу о других, за нежелание ранить или обидеть близких, но на самом деле все наоборот: мы погружены в себя, мы беспокоимся о себе и о том, как выглядим со стороны. Однако решительность центробежна, она придает людям раскованность. Решительность отвлекает внимание, поддерживает иллюзию. Она не вызывает сомнения или разочарования. Потому мы восхищаемся храбрецами, нам нравится быть рядом с такими людьми, потому что их уверенность в себе заражает нас, вытягивает из царства неуверенности и постоянной рефлексии.

КАК ПОБЕЖДАТЬ В ЛЮБВИ

Но я заметила, что с теми, кто поразил ваше сердце, вы робеете. Это может произвести впечатление на буржуа, но сердца светской дамы следует добиваться другим оружием...

Я заявляю вам от имени женщин: любая из нас предпочла бы пусть несколько резкое, но откровенное обращение чрезмерной предупредительности. Мужчины, заблуждаясь на этот счет, упускают больше сердец, чем спасает добродетель. Чем больше робости проявляет влюбленный, тем больше наше самолюбие стремится подстегнуть его; чем больше уважения выказывает он к нашему сопротивлению, тем более высокие требования мы предъявляем к нему самому.

Мы бы хотели сказать мужчинам: «Ах, сжальтесь, не считайте нас такими уж добродетельными; вы просто вынуждаете нас устать от собственного целомудрия...» Мы постоянно стремимся скрыть то обстоятельство, что позволили любить себя. Создайте такую ситуацию, чтобы женщина получила возможность сказать, будто она сдалась, лишь уступив насилию, или пала жертвой неожиданного натиска,— я ручаюсь, что ее сердце будет отдано вам. Чуть большая решительность с вашей стороны поможет вам обрести необходимую непринужденность.

Помните, что недавно сказал вам Ларошфуко: «Рассудительный человек, когда он влюблен, походит на безумца, но он не должен и не может походить на идиота».

Нинон де Ланкло,
1623—1706

Смельчаками не рождаются. Даже Наполеону приходилось вырабатывать в себе привычку к сражениям, которые, как он скоро понял, были для него делом жизни и смерти. В светской жизни он был скованным и робким, однако преодолел себя, вырабатывая решительность во всех сферах своей жизни, потому что осознавал, что эта важнейшая черта характера придает величие любому человеку (даже тому, кто, как сам Наполеон, был мал ростом).

Вам нужно развивать в себе решительность, упражнять свою смелость. И часто вы будете находить им применение. Лучшая область, в которой можно начать,— это тонкая сфера переговоров, в особенности те случаи, когда вам предлагают назвать вашу цену. Как часто мы отступаем без боя, запрашивая слишком мало.

Когда Христофор Колумб просил королеву Испании финансировать его плавание в Америку, он обратился еще и с невероятно дерзким прошением присвоить ему титул Великого адмирала морей и океанов. Колумбу ответили согласием. Он получил ту цену, которую запросил,— он потребовал уважения к себе, и оно было ему оказано. Генри Киссинджер тоже знал, что в переговорах смелые требования оказываются более действенными, чем хождение вокруг да около. Назначьте высокую цену, а потом повышайте ее.

Следует понимать: смелость не дана нам природой, но и робость тоже не является нашим естественным свойством. Это выработанная привычка, происходящая из нежелания вступать в конфликт. Вы боитесь последствий решительных действий, и эти страхи преувеличенны, по сути же дела, последствия робости гораздо более плачевны. Вы теряете достоинство и вступаете в порочный круг сомнений и угрызений. Помните: проблемы, возникающие в результате дерзких действий, можно решить с помощью еще большей дерзости и решительности.

Образ: Лев и заяц. Лев не петляет и не увиливает — его движения стремительны, его челюсти быстры и крепки. Робкий заяц всеми способами старается избежать опасности, но в попытках отступить, запутать след и удрать он попадает в западню, пятится, чтобы угодить прямо в пасть хищника.

Авторитетное мнение: «И все-таки я полагаю, что натиск лучше, чем осторожность, ведь фортуна — женщина, и чтобы с ней сладить, ее надо бить и пинать, таким она поддается скорее, чем тем, кто вяло берется за дело. И как женщина она — подруга молодых, ибо они менее осмотрительны, более отважны и с большей дерзостью ее укрощают». Никколо Макиавелли (1469—1527)

ЗАКОН 29

ПЛАНИРУЙ ВСЕ ДО САМОГО КОНЦА

Формулировка закона

Завершение — это все. Планируйте весь путь к нему, принимая в расчет все возможные последствия, препятствия, повороты фортуны, которые могут пустить насмарку ваш собственный тяжелый труд, так что слава достанется другим. Если вы продумали все до конца, вас не сокрушат обстоятельства, и вы будете знать, когда остановиться. Легонько подтолкните удачу и помогите определить будущее, продумывая его на много шагов вперед.

Ключи к власти

Согласно верованиям древних греков, великие боги обладали способностью видеть грядущее. Они до мельчайших деталей знали обо всем, что должно было произойти. Люди, наоборот, рассматривались как жертвы рока, заложники настоящего времени и собственных эмоций, ибо они неспособны были предугадать, какие опасности их поджидают. Такие герои, как Одиссей, которые видели далее своего носа, умели просчитывать события и планировать будущее, по мнению многих, бросали вызов судьбе, но главное — походили на богов благодаря способности предвидеть будущее. Это сравнение и сейчас еще не потеряло своего значения — те из нас, кто обдумывает все заранее и терпеливо добивается осуществления планов, кажутся нам обладателями божественной власти.

Из-за того, что люди в абсолютном большинстве слишком порабощены текущим моментом и бывают не в состоянии обдумывать будущее, способность пренебречь долгожданным удовольствием или неожиданной опасностью воспринимается как сила. По сути, это власть, позволяющая преодолеть естественную человеческую тенденцию идти на поводу у происходящих событий. Необходимо научиться, отстраняясь, представлять себе более крупные события, проступающие за всем сиюминутным.

ДВЕ ЛЯГУШКИ

Две лягушки жили в одном пруду.

В летний зной пруд пересох; лягушки покинули его и решили вместе искать новое жилье. По дороге случилось им проходить мимо глубокого колодца, доверху наполненного водой. Глядя на колодец, одна лягушка сказала своей подруге: «Давай останемся здесь и обоснуемся в этом колодце — он даст нам кров и пищу». Другая отвечала с сомнением: «Но представь, что из него уйдет вода,— сможем ли мы выбраться с такой глубины?»

Не делай ничего, не обдумав последствий.

Эзоп,

VI век до н. э

В 415 году до н. э. войско древних Афин атаковало Сиракузы; афиняне считали, что Сицилийский поход принесет им богатство, власть и славное завершение Пелопоннесской войны, длившейся долгих шесть лет. Они не задумывались об опасностях, которыми грозило вторжение на территорию, так удаленную от дома. Они не предусмотрели ни того, что сицилийцы на своей территории будут сражаться яростнее и успешнее, ни того, что враги Афин объединятся против них, ни того, что война рассредоточится на много фронтов, истощая их военные ресурсы. Экспедиция на Сицилию окончилась полным провалом и привела к разрушению одной из величайших цивилизаций всех времен. Афиняне пришли к катастрофе, ведомые сердцем, а не разумом. Они предвкушали возможную славу, но не заметили опасность, поджидавшую впереди.

Кардинал де Рец писал: «Наиболее частая причина человеческих просчетов и ошибок в том, что они слишком пугаются опасности, существующей в настоящий момент, и недостаточно боятся той, что ждет в будущем». Если бы мы могли предвидеть отдаленные опасности и разглядеть, каковы они,— скольких ошибок мы бы избежали! Сколько замыслов и планов было бы мгновенно оборвано, если бы мы осознали, что, помогая избежать маленькой опасности, они ввергают нас в более серьезные. Власть — это во многом не то, что мы делаем, а то, чего мы не делаем,— поспешные и неумные действия, которые мы повторяем из раза в раз и которые в итоге доводят нас до беды. Обдумывайте все в деталях, прежде чем начинать действовать, не позволяйте расплывчатым планам подвергнуть вас неприятностям. Будет ли это иметь непредвиденные последствия? Появятся ли у вас новые враги? Будут ли еще кому-то выгодны результаты ваших трудов? Плохие концы встречаются намного чаще, чем хорошие,— не убаюкивайте себя ожиданием хеппи-энда.

Тот, кто расспрашивает предсказателей судьбы о своем будущем, невольно поступается своей интуицией, внутренним предчувствием, говорящим о предстоящих событиях в тысячу раз точнее, чем любой гадальщик.

Уолтер Бенджамин,
1892—1940

Если вы видите на несколько шагов вперед, планируете свои ходы до самого конца, вас больше не будут терзать переживания или тяга к импровизации. Четкость видения избавит вас от тревоги и неопределенности — двух первопричин многих провалов. Научитесь видеть финал — и вы не испытаете разочарования.

Образ: Боги Олимпа. Взирая на людские дела с облаков, они видят наперед окончание всех великих грез и мечтаний, ведущих к трагедиям и несчастьям. Боги смеются над нашей неспособностью предвидеть, но особенно над тем, как мы обманываем сами себя.

Авторитетное мнение: «Разве не много проще совсем не входить, чем войти, чтобы выйти? Словом, никоим образом не следует подражать тростнику, который поначалу выбрасывает прямой длинный стебель, но затем, как бы устав и выдохшись, начинает завязывать частые и плотные узелки, точно делает в этих местах передышки, свидетельствующие о том, что у него не осталось ни былого упорства, ни былой силы. Гораздо правильнее начинать спокойно и хладнокровно, сберегая свое дыхание и свой порыв для преодоления возможных препятствий и для завершения начатого. Приступив к нашим делам, мы на первых порах управляем ими и держим их в своей воле, но позднее, когда они уже сдвинуты с места, они управляют нами и тащат нас за собой, так что нам только и остается, что идти следом». Мишель де Монтень (1533—1592)

ЗАКОН
30

ДОБИВАЯСЬ УСПЕХА, НЕ ПОКАЗЫВАЙ УСИЛИЙ

Формулировка закона

Ваши действия должны казаться естественными и выполняемыми с легкостью. Весь труд и пот, вложенные в них, как и все хитрые трюки, следует скрыть. Действуйте без видимых усилий, так, словно могли бы сделать гораздо больше. Не поддавайтесь искушению похвастаться, как тяжело вы потрудились,— это только породит лишние вопросы. Никому не раскрывайте своих приемов, иначе их применят против вас.

Ключи к власти

Первые представления о мощи пришли к человечеству при столкновениях с силами природы — вспышка молнии в небе, неожиданное наводнение, стремительность и свирепость дикого зверя. Эти силы не нуждались в раздумьях, не требовали планирования — их мощь проявлялась во внезапности появления, в гармоничности, во власти над жизнью и смертью. И в наши дни обладание силой именно такого типа кажется нам наиболее притягательным. С помощью науки и технологий мы воссоздаем стремительность и грозную мощь природы, но не в полной мере: наши машины шумят и ломаются, они требуют большого труда, который невозможно скрыть.

Даже самые искусные творения мастеров не в состоянии искоренить нашего восхищения перед тем, что движется бесшумно и без усилий. Власть, которую имеют над нами дети, заставляющие нас идти у них на поводу, объясняется обольстительным очарованием существ менее рефлексивных, более нежных и непосредственных, чем мы. Мы не можем вернуться в это состояние, но, если нам удается имитировать подобную непринужденность, мы вызываем у окружающих некое первобытное благоговение, какое всегда пробуждала и пробуждает в человеке природа.

Один из первых европейских писателей, изложивших этот принцип, принадлежал к предельно неестественной среде, ко двору эпохи Возрождения. В своей «Книге придворного», опубликованной в 1528 году, Бальдассаре Кастильоне описывает чрезвычайно изощренные и составляющие целый кодекс манеры истинного придворного. И ко всему, объясняет Кастильоне, обхождение придворного должно отличать то, что он называет «spezzatura» — способность придавать трудному вид простого. Он настоятельно рекомендует придворному «овладеть искусством держаться в любых ситуациях с известной непринужденностью, скрывающей любую искусственность и сообщающей всему, что говорят или делают, простоту и естественность». Нас восхищает виртуозность мастеров, однако это восхищение возрастет многократно, если творения отличает изящество и легкость,— «в то время как... очевидность тяжких усилий и труда до седьмого пота полностью лишает привлекательности и обесценивает все, какую бы ценность это ни имело».

Никогда не показывай людям до конца всего, на что ты способен. Мудрый человек не открывает своих знаний и талантов до конца, если хочет быть за них почитаемым. Он позволит тебе узнать о них, но не разобраться в них досконально. Людям не следует знать, до какого предела простираются его способности, тогда никого не постигнет разочарование. Никто никогда не сможет постичь его полностью. Ибо догадки и предположения о широте талантов человека порождают большее благоговение, нежели точное знание пределов его возможностей, сколь бы велики они ни были.

Бальтазар Грациан,
1601–1658

Понятие «spezzatura» касается любой формы власти, поскольку власть чуть ли не полностью зависит от видимости и иллюзий, создаваемых вами. Ваши публичные выступления подобны произведениям искусства — они должны быть яркими, захватывающими, даже развлекающими. Обнажите скрытые механизмы своего творения — и вы немедленно станете простым смертным. То, что доступно пониманию, не вызывает благоговейного чувства — мы говорим себе, что и сами справились бы не хуже, будь у нас столько денег и времени. Не поддавайтесь искушению продемонстрировать, как вы творите,— куда умнее скрыть механизмы своего искусства.

Есть и другая причина, по которой желательно скрыть закулисную сторону ваших дел: любые сведения, просачивающиеся вовне, могут быть использованы окружающими против вас. Вы лишаетесь преимущества, которое дает молчание. Людям, как правило, хочется, чтобы мир узнал о их достижениях,— хочется потешить тщеславие, хочется заставить восхищаться сноровкой и мастерством, хочется даже сочувствия к собственному тяжкому труду, к часам, затраченным на достижение определенного уровня артистизма. Научитесь контролировать эту тягу к болтовне — иначе добьетесь противоположного результата.

Помните: чем большей тайной окутано то, что вы делаете, тем более грозной кажется сила, которой вы наделены. Создается впечатление, что вы, и только вы, в состоянии выполнить то, что вы делаете,— а авторитет человека, обладающего уникальным даром, высок безмерно. И, наконец, если вы достигаете задуманного с легкостью и изяществом, люди верят, что вы способны на большее, если приложите еще немного стараний.

> **Образ:** Скаковая лошадь. Вблизи мы видим напряжение, с которым наездник управляет лошадью, слышим тяжелое, прерывистое дыхание. Но на расстоянии, с которого мы наблюдаем за лошадью, кажется, что она летит по воздуху, являя собой олицетворение изящества и легкости. Держите окружающих на расстоянии, соблюдайте

дистанцию, и им будет видна только ваша непринужденность.

Авторитетное мнение: «Если дело, каким бы мелким оно ни было, выполняется играючи, это не просто свидетельствует о мастерстве, но часто заставляет оценивать его выше, чем оно есть на самом деле. Так происходит оттого, что наблюдателям кажется, будто человек, который работает хорошо и без усилий, способен и на большее». Бальтазар Грациан (1601—1658)

ЗАКОН 31

КОНТРОЛИРУЙ ВСЕ ВАРИАНТЫ: ПУСТЬ ДРУГИЕ ИГРАЮТ КАРТАМИ, КОТОРЫЕ СДАЕШЬ ТЫ

Формулировка закона

Лучший обман тот, при котором вы
как бы предоставляете другому человеку выбор:
пусть у жертвы возникнет иллюзия
свободы выбора, хотя на самом деле
она лишь марионетка в вашей игре.
Давайте людям выбор, при котором вы
выиграете, что бы они ни предпочли.
Принуждайте их выбирать меньшее из двух зол,
но из того набора, что служит вашим целям.
Поставьте их перед дилеммой:
куда ни кинь — всюду клин.

Ключи к власти

Разнообразные фантазии, возникающие при словах «свобода», «выбор» или «возможность», куда богаче тех благ, которые мы получаем в действительности. Если поближе изучить возможность выбора, каким мы располагаем — на рынке, во время выборов, на работе,— то окажется, что она заметным образом ограничена: чаще всего мы выбираем лишь между А и Б, а остаток алфавита остается недоступным.

Людям хитрым и оборотистым это предоставляет бескрайний простор для жульничества. Тем, кому предоставлена возможность выбора, трудно поверить, что они стали объектом манипуляции или обмана. Они не могут видеть, что вы даете им мизерное количество свободы, а в придачу навязываете собственную волю. Сужение диапазона вариантов, таким образом, должно стать обязательной частью ваших махинаций. Говорят, если сможешь добиться, чтобы птичка сама вошла в клетку, она будет петь намного лучше.

Дж. П. Морган-старший однажды сказал знакомому ювелиру, что хотел бы приобрести булавку для галстука с жемчужиной. Вскоре после этого ювелиру попалась великолепная жемчужина. Он заказал для нее подходящую оправу и отослал Моргану вместе со счетом на 5 тысяч долларов. На другой день посылка была возвращена. Сопроводительное письмо Моргана гласило: «Мне нравится булавка, но не нравится цена. Если вы согласны принять вложенный чек на 4 тысячи долларов, верните коробку, не вскрывая печати». Недовольный ювелир отказался от чека и в сердцах отправил посыльного прочь. Вскрыв коробочку, чтобы убрать злосчастную булавку, он лишь тогда обнаружил, что ее там нет. На ее месте лежал чек на 5 тысяч долларов».

Клифтон Фадиман,
«Коричневая книжечка анекдотов»,
1985

Ниже — наиболее распространенные формы «контроля над свободой выбора».

Правильная подача вариантов. Это было любимым методом Генри Киссинджера. Будучи госсекретарем при президенте Ричарде Никсоне, Киссинджер считал себя лучше информированным, чем его босс, и верил, что в большинстве случаев он сам принимал правильное решение. Однако, попытайся он самостоятельно определять государственную политику, это обидело бы или рассердило президента, известного своей нерешительностью.

Поэтому Киссинджер предлагал ему на выбор три-четыре варианта действий для каждой ситуации, причем представлял их таким образом, что вариант предпочтительный для него всегда казался явно лучшим решением вопроса по сравнению с другими. Раз за разом Никсон попадался на наживку, не подозревая, что всегда движется туда, куда подталкивает его Киссинджер.

Давление на упрямца. Этот метод очень хорошо срабатывает с детьми и другими своенравными людьми, которые из духа противоречия норовят поступить наперекор тому, чего вы от них добиваетесь. Заставьте их «выбрать» то, что нужно вам, делая вид, что защищаете противоположное.

Смена игровой площадки. В 1860-е годы у Джона Д. Рокфеллера появилось намерение добиться монополии на нефть. Если бы он попытался скупить мелкие нефтяные компании, его план раскусили бы, и он получил бы отпор. Вместо этого он начал, ничего не разглашая, скупать железнодорожные компании, занимающиеся перевозками нефти. Рокфеллер сделал рокировку, перешел играть на другое поле — и добился в результате того, что у мелких нефтедобывающих компаний оставались лишь те возможности, которые давал им он.

Сужение выбора. Повышайте цену всякий раз, когда покупатель колеблется и откладывает решение до завтра. Это прекрасная уловка для торга с патологически нерешительными людьми. Она разрушит их представление о том, что завтра можно будет сторговаться выгоднее, чем сегодня.

Слабый человек в ситуации выбора. Эта тактика похожа на «расписывание вариантов», но со слабыми необходимо быть агрессивнее. Давите на их эмоции — тревогу, ужас, это в конце концов подвигнет их на действия. Попробуйте обратиться к их разуму — и они всегда найдут способ увильнуть.

Рога дилеммы. Это классический метод, применяемый юристами в суде: юрист подводит свидетелей к необходимости выбирать между двумя вероятными объяснениями события, каждое из которых пробивает брешь в их версии. Им приходится отвечать на вопросы юриста, но что они ни скажут, оборачивается против них. Основное в этом методе — быстрота и натиск: не давайте жертве опомниться и ускользнуть. Попадая между двумя рогами дилеммы, они сами роют себе могилу.

Образ: Рога быка. Бык загоняет вас в угол своими рогами; не одним рогом, от которого вы могли бы увернуться, а парой рогов, которая, как в капкан, ловит вас в промежуток между ними. Бегите налево или направо — куда бы вы ни двинулись, вы наткнетесь на заостренные концы, и они пронзят вас насквозь.

Авторитетное мнение: «Ибо любые муки и зло, которые человек навлекает на себя добровольно и по собственному выбору, несравненно менее болезненны, чем те, что навлекают на него другие». Никколо Макиавелли (1469—1527)

ЗАКОН 32

ИГРАЙ НА ЛЮДСКИХ ФАНТАЗИЯХ

Формулировка закона

Правды часто избегают, так как она неприглядна и некрасива. Никогда не взывайте к истине и реальности, если вы не готовы к взрыву гнева из-за крушения иллюзий. Жизнь так жестока и горестна, что люди, способные произвести на свет романтическую фантазию, подобны оазису в пустыне: к ним тянутся. Руководить иллюзиями толпы — это великая власть.

Ключи к власти

Фантазия никогда не может действовать в одиночку. Ей требуется контрастирующий фон серости и обыденности. Именно подавляюще тусклая действительность позволяет фантазии пустить корни и расцвести.

Человек, способный претворить мечту в жизнь, превратить в сказку удручающую действительность, имеет доступ к безграничной власти. Если вы ищете фантазию, которая могла бы захватить массы, обратите внимание на банальные истины, наиболее сильно влияющие на каждого из нас. Не давайте обмануть себя приукрашенными автопортретами людей и описаниями их жизней, изучайте и раскапывайте, что на самом деле держит их в плену. Найдите это — и в ваших руках окажется волшебный ключ, который даст вам огромную власть.

Времена и люди меняются, давайте, однако, исследуем несколько вариантов подавляющей, сковывающей людей реальности и возможностей власти, предоставляемой ею.

Реальность: *изменения происходят медленно и постепенно. Они требуют напряженной работы, удачи, немалого самопожертвования и большого терпения.*

Фантазия: *внезапное преображение приносит полную перемену участи, везение, которое заменяет труд, самопожертвование и время.*

Это, безусловно, излюбленная фантазия шарлатанов наших дней, которых везде достаточно.

Пообещайте быструю и полную перемену — от бедности к богатству, от болезни к здоровью, от страданий к процветанию — и за вами потянутся.

Реальность: *социальное общество имеет систему твердых ограничений, законов и норм поведения. Мы миримся с этим и знаем, что вынуждены ходить по одним и тем же привычным круговым маршрутам день за днем.*

Фантазия: *мы попадаем в совершенно новый мир, с другой системой ценностей и вероятностью интересных приключений.*

В первом десятилетии XVII века Лондон только и говорил, что о молодом человеке по имени Джордж Салманазар. Он прибыл из края, который для большинства англичан был сказкой: с острова Формоза (Тайвань), что рядом с побережьем Китая. Оксфордский университет пригласил Салманазара преподавать островной язык, несколькими годами позже он перевел Библию на язык островитян, потом написал книгу — она тут же стала бестселлером — по истории и географии Формозы. Английское высшее общество носилось с молодым человеком как с любимой игрушкой, и везде, куда его приглашали, он развлекал собравшихся рассказами о своей родине и ее странных и экзотических обычаях.

Если хочешь солгать так, чтобы тебе поверили, не рассказывай неправдоподобной правды.

Император Японии Токугава Иясу, XVII век

После смерти Салманазара, когда было вскрыто его завещание, все узнали правду: он был всего лишь французом с богатым воображением. Все его рассказы о Формозе, все детали — алфавит, язык, литература, целая культура неведомой страны — были его выдумкой, мистификацией. Зная, что англичанам абсолютно ничего не известно о сказочной стране, он создал сложную, тщательно продуманную историю, которая отвечала их стремлению к экзотическому и необычному. Жесткий контроль над опасными мечтаниями людей, свойственный британской культуре, предоставил ему великолепную возможность использовать их фантазию в своих интересах.

Реальность: *смерть; мертвых не вернуть, прошлое нельзя изменить.*

Фантазия: *внезапная и полная отмена этой невыносимой данности.*

Картины Вермеера Делфтского славятся красотой и являются настоящей классикой живописного искусства, но они немногочисленны и, как следствие, очень редки. В 1930-е годы, однако, творения Вермеера вдруг стали появляться на рынке произведений искусства. Эксперты, к которым обращались за подтверждением подлинности картин, объявляли, что они настоящие. Для многих коллекционеров такой, ранее неизвестный Вермеер мог стать украшением собрания. Это напоминало воскрешение Лазаря: непостижимым образом Вермеер Делфтский словно вернулся к жизни. Прошлое изменило свою структуру.

Правда всплыла лишь позднее: новые «Вермееры» принадлежали кисти голландца Хан ван Меегерена, который искусно изготавливал подделки. Для своей фальсификации он выбрал именно Вермеера, так как прекрасно понимал, что такое фантазия: затея была обречена на успех потому, что и коллекционерам и экспертам во что бы это ни стало хотелось поверить в нее.

Помните: залог успеха в игре с фантазией есть сохранение дистанции. Отдаленное волнует, влечет, не обещая никаких проблем. Никогда не позволяйте ему превратиться в привычное: мираж, видимый издалека, исчезает, когда простак приближается к нему. Не описывайте фантазию слишком конкретно — она должна быть расплывчатой. Подделывая фантазии, позволяйте своим жертвам подойти ровно настолько, чтобы они могли увидеть и соблазниться, но держите их достаточно далеко, чтобы они продолжали мечтать и желать.

Образ: Луна. Недостижимая, постоянно меняющая очертания, она то исчезает, то появляется вновь. Мы глядим на нее, мечтая и дивясь, томясь и изнывая,— она никогда не становится привычной, всегда порождая фантазии. Не предлагайте очевидное. Обещайте Луну.

Авторитетное мнение: «Во лжи есть очарование, привлекательность, ложь — это выдумка, которая может быть улучшена до фантазии. Ее можно задрапировать в одежды мистической концепции. Правда — холодные, трезвые и неуютные факты, их не так легко принять. Ложь куда приятнее. Самый презираемый человек в мире — тот, кто всегда говорит правду, кому чужда романтика... Для меня намного интереснее и выгоднее быть романтиком, чем говорить правду». Джозеф Вейл, он же Желтый Малыш (1875—1976)

ЗАКОН

33

ЗНАЙ СЛАБЫЕ СТРУНКИ КАЖДОГО ЧЕЛОВЕКА

Формулировка закона

У каждого есть слабости, брешь в крепостной стене. К ним относятся неуверенность, неконтролируемые эмоции или желания, а возможно, маленькие тайные развлечения. Как бы то ни было, обнаружив слабость, превратите ее в орудие пытки, используйте ее для своей выгоды.

НАЙТИ ОРУДИЕ ПЫТКИ: стратегический план действий

Всем нам приходится обороняться. Каждый человек носит на себе доспехи, защищающие от перемен, от бестактности друзей и нападок врагов. Мы больше всего хотим, чтобы нас оставили в покое и позволили действовать по собственному разумению. Постоянные попытки испытать на прочность оборонительные редуты противника отнимают у нас много энергии. Однако важно понимать, что абсолютно у всех людей имеются свои слабости — некая уязвимая брешь в психологических доспехах; остается только обнаружить их и надавить на них в своих интересах.

Некоторые люди не скрывают своих слабостей, другие прячут их от всех. С последними, как правило, бывает легко справиться, нащупав брешь в их оборонительных сооружениях.

Планируя штурм, помните о нижеследующих принципах.

Будь внимателен к языку жестов и подсознательным сигналам. Зигмунд Фрейд заметил: «Ни один смертный не способен хранить секрет. Если молчат его губы, говорят кончики пальцев; предательство сочится из него сквозь каждую пору». Эту основную посылку необходимо помнить и учитывать при поисках человеческой слабости — ее, эту слабость, неизбежно выдают незначительные на первый взгляд жесты и брошенные мимоходом слова.

Важно не только то, что вы ищете, но еще где и как вы это ищете. Повседневные разговоры — богатейшие россыпи, требующие разработки, поэтому, чтобы обнаружить слабость собеседника, научитесь слушать.

ЛЕВ, СЕРНА И ЛИСА

По дебрям гнался Лев за Серной,
Уже ее он настигал
И взором алчным пожирал
Обед себе в ней, сытный, верный.
Спастись, казалось, ей нельзя никак:
Дорогу обоим пересекал овраг;
Но Серна легкая все силы натянула;
Подобно из лука стреле,
Над пропастью она махнула
И стала супротив на каменной скале.
Мой Лев остановился.
На эту пору друг его вблизи случился.
Друг этот был — Лиса.
«Как! — говорит она,— с твоим проворством, силой,
Ужели ты уступишь Серне хилой?
Лишь пожелай, тебе возможны чудеса;
Хоть пропасть широка, но если ты захочешь,
То, верно, перескочишь.
Поверь же совести и дружбе ты моей:
Не стала бы твоих отваживать я дней,
Когда б не знала
И крепости, и легкости твоей».
Тут кровь во Льве вскипела, заиграла;
Он бросился со всех четырех ног;
Однако ж пропасти перескочить не мог:
Стремглав слетел и — до смерти убился.

А что ж его сердечный друг?
Он потихохоньку в овраг спустился
И, видя, что уж Льву ни лести, ни услуг
Не надо боле,
Он, на просторе и на воле,
Справлять поминки другу стал,
И в месяц до костей он друга обглодал.

Иван Крылов,
1769—1844

Если вы подозреваете, что у человека имеется слабое место, попытайтесь нащупать его незаметно. Научитесь замечать детали — как интересующий вас человек дает чаевые официанту, что ему нравится, а что нет, читайте сообщения, скрытые в манере одеваться. Ищите идолов, которым он поклоняется, вещи, за обладание которыми он пойдет на все,— не исключено, что вы поможете ему осуществить давние мечты. Помните: все мы стараемся скрыть свои слабости, поэтому мало что можно узнать, наблюдая за осознанным, контролируемым поведением. Интерес представляют детали, мелочи, просачивающиеся наружу, минуя сознание и контроль.

Найди беспомощное дитя. Большая часть слабостей возникает в детстве, прежде чем человек научается выстраивать защиту. Может быть, ребенка баловали, давали ему поблажки, а может быть, его эмоциональные потребности остались неудовлетворенными. Когда ребенок становится старше, и то и другое может уйти вглубь, но не исчезнет совсем. Сведения о детстве человека служат отличным ключом для расшифровки его слабостей в зрелом возрасте.

Один из признаков такой слабости, если человек часто начинает вести себя по-детски, когда вы затрагиваете ее. Поэтому внимательно следите за таким поведением человека, которое не совсем приличествует его возрасту.

Ищи контрасты. Видимость часто скрывает свою противоположность. За воинственными выкриками с битьем себя в грудь частенько прячется трусость, скромник мечтает обратить на себя всеобщее внимание. Сопоставляя внешнее с тем, что стоит за ним, можно часто обнаружить слабости людей, полярные тем качествам, какие они вам демонстрируют.

Заполняй пустоту. Два основных типа эмоционального вакуума — это неуверенность и неудовлетворенность. Неуверенные падают жертвой любых социальных предрассудков. Что же касается неудовлетворенных, следует поискать корни их постоянного недовольства.

И те и другие почти неспособны скрыть свои слабости. Умение заполнить их эмоциональную пустоту — великий источник власти, к тому же неиссякаемый, им можно пользоваться бесконечно долго.

Давай пищу неконтролируемым эмоциям. К неконтролируемым эмоциям можно отнести параноидальный страх — страх, неадекватный ситуации, или любое низменное побуждение: жадность, тщеславие, ненависть или похоть. Находясь в тисках эмоций, люди часто не владеют собой, и вы сможете управлять ими.

Образ: Тиски. У вашего врага есть секреты, которые он хранит, затаенные мысли, которые он не высказывает вслух. Но они выходят наружу, и он бессилен этому помешать. Где-то имеется брешь, винтик его слабости — в голове, сердце или в желудке. Нащупав брешь, обнаружив этот винтик, начинайте закручивать его в свое удовольствие.

Авторитетное мнение: «Находи рычаг для воздействия на всякого человека. Это искусство заставить людей дей-

ствовать будто бы по их собственной воле. Здесь важнее умение, чем решительность. Ты должен знать, как подступиться к каждому. У любого поступка, любого волевого акта есть свой мотив, а уж каков он — зависит от индивидуального вкуса. Все люди склонны сотворять себе кумиров — для кого-то это слава, для других — эгоизм, своекорыстие. Умение состоит в том, чтобы знать всех этих идолов и заставить их служить себе. Зная побудительные мотивы человека, ты тем самым получаешь ключи к его душе».
Бальтазар Грациан (1601—1658)

ЗАКОН

34

БУДЬ ЦАРСТВЕННЫМ НА СВОЙ МАНЕР: ВЕДИ СЕБЯ КАК КОРОЛЬ — И БУДЕШЬ ПРИНЯТ КАК КОРОЛЬ

Формулировка закона

Тем, как вы преподносите себя, часто определяется то, как с вами обходятся. При длительном общении, показав себя вульгарным или серым, вы не сможете добиться уважения. Ведь король уважает себя сам и вызывает то же чувство у окружающих. Держась уверенно и величаво, вы показываете тем самым, что носить корону — ваше предназначение.

Ключи к власти

Детьми, в самом начале жизни, мы наделены несметным богатством: мы склонны считать, что нам принадлежит весь мир, и хотим его получить. Это чувство сохраняется до того времени, когда мы впервые попадаем в социум, делаем первые шаги в своей карьере. Но все мы становимся старше, испытываем разочарования и терпим неудачи, накопленный опыт устанавливает новые границы мира, которые постепенно сужаются. Теперь мы ждем от мира все меньше и меньше, тем самым смиряясь с ограничениями, часть которых навязываем себе сами. Мы начинаем кланяться, шаркать ножкой, извиняться по самому мелкому поводу, ощущая свою вину за то, что вторгаемся на чужую территорию. Преодолеть такое съеживание горизонта можно только одним способом: сознательно повести процесс в обратном направлении — научиться преуменьшать значение неудач и не обращать внимания на ограничения, убедить себя, что вы достойны лучшего, наконец, потребовать этого — как в детстве. Чтобы добиться этого, вы должны выработать для себя определенную стратегию и ее придерживаться. Назовем ее Стратегией Короны.

Никогда не теряй самоуважения и, оставаясь один, не опускайся до бесцеремонного отношения к самому себе. Пусть цельность собственной натуры станет твоим нравственным мерилом, в большей степени основанным на строгости собственного о себе суждения, нежели на любых внешних установлениях. Воздерживайся от неподобающих поступков из уважения к собственной добродетели, а не из-за строгой критики, навязываемой авторитетами извне. Приучись относиться к себе с благоговейным страхом, и у тебя не возникнет нужды в воображаемом наставнике Сенеки.

Бальтазар Грациан,
1601–1658

Стратегия Короны основана на определенной причинно-следственной цепи: если вы поверите, что предназначены судьбой для великих дел, то эта убежденность приведет к тому, что вы начнете излучать своеобразное сияние, подобное тому, какое корона создает вокруг короля. Это внешнее сияние будет гипнотизировать окружающих, и они будут считать, что у вас, вероятно, имеются веские причины быть уверенными в себе.

На протяжении истории люди неблагородного происхождения — Феодора Византийская, Колумб, Бетховен, Дизраэли — придерживались Стратегии Короны, так твердо веря в собственное величие, что это становилось пророчеством, и оно исполнялось! Прием прост: ваша вера в себя должна преодолеть вашу неуверенность. Даже если в глубине души вы понимаете, что обманываете себя, все равно изображайте короля. Увидите, с вами начнут и обращаться соответственно.

Корона, возможно, выделит вас из толпы, но не менее важно сохранить ее блеск на долгое время. Для этого нужно вести себя особо, как бы указывая своим поведением на расстояние, разделяющее вас и окружающих. Хороший способ подчеркнуть свое отличие — всегда держаться с достоинством, независимо от обстоятельств.

Королевскую манеру держаться не нужно путать с наглостью, а уверенность в себе — с самоуверенностью. Порой королям бывает присуща наглость, но она лишь выдает тревогу и слабость. Следовательно, наглость это нечто прямо противоположное царственному поведению.

Достоинство, кстати говоря, беспроигрышное качество, спасающее в любых трудных обстоятельствах: будто бы ничто не может задеть вас, и если вы захотите снизойти до этого, ответить всегда сумеете. Чрезвычайно мощная, согласитесь, позиция.

И, наконец, чтобы усилить внутренние психологические установки, необходимые для демонстрации царственного поведения, имеются внешние приемы, которые помогут вам добиться искомого эффекта. Во-первых, применяйте стратегию Колумба: выступайте со смелыми притязаниями. Назначайте цену повыше и не снижайте ее. Во-вторых, проявите чувство собственного достоинства, избрав в качестве противника того, кто выше всех по положению. Если вы нападаете на самого главного, эта атака автоматически ставит вас на один уровень с ним. Это стратегия Давида и Голиафа: выбирая великого оппонента, вы создаете видимость собственного величия. В-третьих, сделайте какой-нибудь подарок вышестоящему. Это стратегия тех, у кого есть покровитель: делая подарок патрону, вы тем самым указываете на равенство между вами. Это старый жульнический трюк: дай, чтобы можно было взять.

Помните: вы сами назначаете себе цену. Вы просите меньше и получаете ровно столько. Так просите больше — этим вы покажете, что на самом деле достойны королевских почестей. Даже тот, кто вам откажет, почувствует уважение к вашей уверенности в себе, а это уважение рано или поздно сыграет свою роль и окупится неожиданным способом, который нельзя предугадать заранее.

Образ: Корона. Наденьте ее на голову, и она заставит вас изменить осанку — в вас появится спокойное достоинство, излучающее свет. Никогда не показывайте сомнение, не теряйте царственности, или корона свалится с вашей головы. Она перейдет к более достойному. Не ждите, когда вас пригласят на коронацию. Величайшие императоры мира, как правило, короновали себя сами.

Авторитетное мнение: «Каждый должен быть царственным на свой собственный манер. Пусть каждый твой поступок, даже рядовой, будет — в своей области — равноценным королевскому. Будь величественным в делах и возвышенным в мыслях. Всеми своими деяниями показывай, что достоин быть королем, даже если в действительности им не являешься». Бальтазар Грациан (1601—1658)

ЗАКОН 35

ОВЛАДЕЙ ИСКУССТВОМ УПРАВЛЕНИЯ ВРЕМЕНЕМ

Формулировка закона

Никогда не показывайте, что спешите,— спешка выдает неумение распоряжаться самим собой и своим временем. Всегда старайтесь выглядеть спокойным, как будто вы знаете, что в конце концов все придет к вам само. Научитесь выбирать правильный момент, улавливать дух времени, но главное — тенденции, которые приведут вас к власти. Научитесь отойти в сторону, если время еще не пришло, и бороться изо всех сил, когда момент назрел.

Ключи к власти

Время — это искусственная концепция, которую мы сами создали, чтобы сделать безграничность вечности и Вселенной более переносимыми, очеловечить их. Создав представление о времени, мы получили возможность в какой-то степени управлять, играть с ним. Время у ребенка медленное и долгое, легко растяжимое. У взрослых оно летит с пугающей быстротой. Таким образом, время зависит от восприятия, которое, как мы понимаем, может очень сильно меняться.

Мы имеем дело с тремя видами времени; каждое из них предлагает свои задачи, которые можно решить при наличии определенных навыков и сноровки.

Первый вид — растянутое время: долгое, порой тянущееся годами,— к нему следует относиться очень терпеливо и осторожно.

Второй вид — сжатое время: время, которым мы можем пользоваться как оружием для нападения, нарушая любые расчеты противника.

И, наконец, третий вид — время эндшпиля, когда план следует выполнять быстро и напористо. Вы выждали, определили момент, и теперь нельзя колебаться.

Растянутое время. Увеличивая скорость от страха или от нетерпения, вы порождаете целый клубок проблем, требующих решения, и в конце концов у вас уйдет не в пример больше времени, чем могло бы. Торопливые люди не могут иногда быстро добраться до места, они рискуют потерять важные бумаги, попасть в опасные ситуации, они живут в постоянном режиме кризиса, решая проблемы, которые сами же и порождают. Порой бездействие перед лицом опасности — лучшее, что можно предпринять: вы выжидаете, вы сознательно замедляете темп. Идет время, и вам вдруг предоставляются такие возможности, которых вы и представить не могли.

Вы замедляете время сознательно, но не для того, чтобы удлинить себе жизнь или продлить минутное удовольствие, а для того, чтобы играть в игры власти. Когда ваш ум не загроможден постоянно неотложными делами, вы получаете возможность видеть на несколько шагов вперед. К тому же вы обретете устойчивость к приманкам, расставляемым перед вами, и сможете удержаться от того, чтобы превратиться в обычного нетерпеливого простака. Создание фундамента, основания власти, может занять годы; убедитесь, что это основание прочно. Не промахнитесь — успех строится медленно, и только такой успех длится долго.

Султан персидский приговорил двух человек к смерти. Один из них, зная, как сильно султан привязан к своему жеребцу, предложил ему в обмен на жизнь за год научить скакуна летать. Султан, представив, что сможет обладать единственной в мире летающей лошадью, согласился. Другой приговоренный недоверчиво посмотрел на своего друга. «Ты же не хуже меня знаешь, что лошади не умеют летать. Что же заставило тебя предложить такую дичь султану? Ты ведь только оттягиваешь то, чего невозможно избежать». «Это не так,— был ответ.— На самом деле я приобрел четыре шанса получить свободу. Во-первых, за год может умереть султан. Во-вторых, могу умереть и я сам. В-третьих, может умереть лошадь. А в-четвертых... вдруг я все-таки научу ее летать!»

Р. Г. Х. Сью,
«Сила власти», 1979

Сжатое время. Трюк со сжатым временем заключается в том, чтобы расстраивать временны́е расчеты окружающих, — заставляя их спешить, вынуждая ждать или же нарушать удобный им ритм, искажать их восприятие времени. Сбивая планы своего противника, но в то же время сохраняя спокойствие, вы получаете время в свое распоряжение, а это уже полдела.

Заставлять людей ждать — это действенный способ сжатия времени, до тех пор, конечно, пока они не заподозрят, какую цель вы преследуете. Вы регулируете часы — люди томятся в ожидании и вскоре теряют бдительность, и теперь вам остается нанести удар. Противоположный прием тоже эффективен: заставьте противников спешить. Начните свои дела с ним не торопясь, затем резко нагнетайте напряжение, создайте ощущение, что все вот-вот произойдет. Не имея времени на раздумья, люди совершают ошибки — так устанавливайте для них свои сроки.

Время эндшпиля. Вы можете провести игру с виртуозным артистизмом — терпеливо дождаться подходящего момента, чтобы действовать, выбить из колеи противника, навязывая ему свой ритм и разрушая расчеты,— но это ничего не значит, если вы не придумали, как все закончить. Терпение ничего не стоит без воли, но главное — без готовности в нужный момент безжалостно подавить противника. Вы можете долго выжидать наступления развязки, но, когда она приблизилась, действовать нужно быстро и решительно. Скорость нужна, чтобы парализовать соперника.

> **Образ:** Ястреб. Спокойно и бесшумно он описывает в небе круги, в вышине, зорко оглядывая все вокруг. Те, кто внизу, и не подозревают, что они в опасно-

сти. Внезапно выбрав момент, ястреб камнем падает вниз с такой скоростью, что от него нет защиты. Его жертва не успевает понять, что произошло, а цепкие когти уже схватили ее и уносят в небеса.

Авторитетное мнение: «В делах людей бывает миг прилива, / Он мчит их к счастью, если не упущен, / А иначе все плаванье их жизни / Проходит среди мелей и невзгод». Уильям Шекспир (1564—1616)

ЗАКОН
36

ПРЕЗИРАЙ ТО, ЧЕМ НЕ МОЖЕШЬ ОБЛАДАТЬ: ИГНОРИРОВАНИЕ — ЛУЧШАЯ МЕСТЬ

Формулировка закона

Признавая мелочь проблемой, вы даете ей право на существование и наделяете силой. Чем больше внимания вы уделяете врагу, тем сильнее он становится, ведь маленькая ошибка часто превращается в более серьезную и заметную при попытке ее исправить. Порой лучше оставить все как есть. Если существует что-то, чем вы хотите, но не можете обладать, продемонстрируйте пренебрежение к этому. Чем меньше заинтересованности вы проявите, тем более недосягаемым будете казаться сам.

Ключи к власти

Желания часто порождают парадокс: чем больше вы за чем-нибудь гоняетесь, тем труднее оно дается в руки, ускользая; чем больше интереса вы выказываете к объекту желаний, тем сильнее он отталкивает от себя. Это объясняется тем, что ваше желание слишком сильно — оно вызывает у окружающих настороженность, даже испуг. Неконтролируемое желание придает вам вид слабого, незначительного, жалкого человека.

Вам следует демонстративно отвернуться от того, чего вам так хочется, выказать свое безразличие, пренебрежение. Это сильная реакция, и она выведет ваш объект из равновесия. Вы вызовете ответное желание. Скорее всего, это будет просто желание повлиять на вас, может быть, завладеть вами, а может, даже причинить боль. Если вас захотят заполучить в собственность, можно сказать, что вы успешно справились с первым этапом обольщения. Если вас захотят ранить, не давайтесь, навязывайте свои правила игры.

Однажды, когда экономические взгляды Г. К. Честертона были раскритикованы в печати Бернардом Шоу, его друзья с нетерпением ждали, что он ответит на выпады,— однако ответа не последовало. Историк Х. Беллок упрекнул его в этом. «Дорогой мой Беллок,— сказал Честертон,— я ему ответил. Для такого остроумца, как Шоу, молчание — самая непереносимая отповедь».

Клифтон Фадиман,
«Коричневая книжечка анекдотов», 1985

Презрение — прерогатива короля. Действительность там, куда он соблаговолит направить свой взор, она в том, что он решит увидеть. Этим оружием пользовался Людовик XIV — если кто-то ему не нравился, он вел себя так, словно этого человека тут не было; поддерживая свое превосходство, он прерывал общение по своему усмотрению. Такой власти добивайтесь и вы, разыгрывая козырь презрения, периодически показывая окружающим, что можете обойтись без них.

Выбирая подобную линию поведения, вы приобретаете силу, если же делать ставку на обратное — привязанность и преданность, то они часто ослабляют. Уделяя незаслуженное внимание ничтожеству, вы и сами выглядите ничтожным, и чем дольше продолжается ваше общение, тем значительнее оно (ничтожество) выглядит. Но есть и другая опасность: если вам удалось раздавить назойливого или хотя бы ранить его, вы рискуете вызвать симпатию к слабой стороне побежденного.

Как одни не могут удержаться от пересудов со всеми и обо всем, так другие постоянно суетятся по любому поводу. Они всегда преувеличивают, принимают все всерьез, делая из всего тайну и повсюду находя поводы для ссор. Почти никакие обиды и огорчения не заслуживают того, чтобы принимать их близко к сердцу, ведь это значило бы заставлять себя переживать попусту. Абсурдно вести себя так, изводясь тем, что нужно просто выбросить через плечо. Многие вещи, которые кажутся важными в данное время, если их проигнорировать, оказываются совершенно незначительными; а другие, которые казались пустячными, оказываются достойными восхищения, если уделить им должное внимание.

Бальтазар Грациан,
1601–1658

Часто мы испытываем искушение загладить свои ошибки, но чем больше стараемся, тем хуже порой результат. Иногда бывает правильнее оставить все как есть. Вместо того чтобы зацикливаться на проблеме, раздувать ее и усугублять, показывая, сколько тревоги и беспокойства она у вас вызывает, часто умнее бывает надеть презрительную маску аристократа, не показывая, что вы вообще знаете о существовании этой проблемы. Есть несколько способов применения этой стратегии.

Первый способ — назовем его политикой незрелого винограда. Если вам очень сильно чего-то хочется, но вы понимаете, что не получите этого, самое худшее — это демонстрировать всем свое разочарование и жаловаться на свою неудачливость. Намного лучше сделать вид, что это никогда на самом деле не было для вас так уж важно.

Второй способ: если вас атакуют «снизу» — кто-то, кто слабее или ниже вас,— не обращайте внимания, покажите, что вы даже не заметили атаку. Смотрите вдаль с рассеянным видом или отвечайте ласково с милой улыбкой, демонстрируя: для вас это нападение ничего не значит. Сходным образом, если с вами случится какая-то неприятность,— чтобы смягчить впечатление от своей ошибки, покажите, что вы относитесь к этому легко.

Помните: достойная реакция сильного человека на досадные мелочи и раздражающие пустяки — презрение или снисходительность. Старайтесь не показывать, что вы задеты, обижены или расстроены,— этим делу не поможешь, вы лишь признаете тем самым существование проблемы. Презрение — это блюдо, которое лучше подавать холодным.

Образ: Болячка. Она хоть и маленькая, но болит и саднит. Вы прикладываете разные лекарства, жалуетесь, расчесываете и сдираете ее. Врачи только портят дело, превращая маленькую ранку в серьезную проблему. А нужно просто оставить ее в покое, не теребить — и со временем она заживет, затянется без следа.

Авторитетное мнение: «Научись разыгрывать карту презрения. Это наиболее хитроумная форма мести. Имена множества людей никому не были бы известны, если бы только выдающиеся противники этих людей проигнорировали их. Ни одна месть не может сравниться с забвением, ибо оно есть не что иное, как погребение недостойного в пыли его собственного ничтожества». Бальтазар Грациан (1601—1658)

ЗАКОН 37

СОЗДАВАЙ НЕЗАБЫВАЕМЫЕ ЗРЕЛИЩА

Формулировка закона

Яркая образность и символичные красивые жесты создают ауру власти — они захватывают любого. Ставьте поэтому спектакли для окружающих, полные притягательных наглядных и лучащихся символов, которые бы преувеличивали долю вашего участия. В ослеплении от зрелища никто не заметит, сколько на самом деле вами сделано.

Ключи к власти

Пытаться защитить свое дело с помощью слов рискованно: слова — опасный инструмент, они часто не достигают цели. Слова, которые используют окружающие с целью убедить кого-либо, как бы приглашают поразмыслить на эту тему, что часто заканчивается тем, что мы приходим к противоположным выводам. (В этом отчасти сказывается противоречивость человеческой природы.) Случается и так, что слова задевают нас, вызывая неприязненные чувства по отношению к говорящему, а он и не подозревает об этом.

Что же касается визуальной информации, то она позволяет идти напрямик, минуя лабиринт слов. Она поражает эмоциональной силой и воздействует мгновенно, не оставляя простора для рефлексии и сомнений. Подобно музыке, она прорывается, минуя заслоны рациональных, рассудочных мыслей.

Необходимо понимать: слова неизбежно ставят вас в оборонительную позицию. Если вы вынуждены объясняться, тем самым сразу же возникают сомнения по поводу вашей силы. Однако зрительный образ внушителен априори. Он не располагает к вопросам, порождает мощный ассоциативный ряд, исключает нежелательные интерпретации, немедленно находит путь к сознанию и разрушает непреодолимые преграды, воздвигаемые социальным неравенством. Слова возбуждают споры и дискуссии, образы объединяют людей. Образы — важнейшие и необходимые инструменты власти.

Из-за света, которое оно проливает на другие звезды, окружающие его, подобно придворным, из-за справедливости и равномерности распределения его лучей поровну всем и каждому, из-за добра, приносимого им повсеместно и порождающего жизнь, радость и оживление, из-за его постоянства, которому оно никогда не изменяет, я избираю Солнце как величественный образ, достойный символизировать великого монарха.

Людовик XIV, Король-Солнце,
1638—1715

Символ обладает не меньшей властью — будь то непосредственно зрительный образ или его словесное описание (Король-Солнце). Абстрактная идея — чистота, патриотизм, мужество, любовь — несет эмоциональную нагрузку и мощные ассоциации.

Римский император Константин Великий почитал Солнце как божество всей своей жизни, но однажды он поднял глаза на Солнце и увидел крест, пересекавший светило. Видение креста поверх Солнца подвигло его на обращение к новой религии, и он немало содействовал распространению христианства в своей империи. Все проповедники мира не смогли бы оказать на него столь могучего воздействия. Так найдите и вы подходящие образы и символы, которые могут мгновенно воздействовать на людей сегодня; добивайтесь, чтобы ваше имя ассоциировалось с ними. Это даст вам несказанную власть.

Был человек по имени Сакамотойя Хечигуан, живший в верхнем Киото. Когда правитель Хидейоши давал свой прославленный прием таною в Китано в десятый месяц 1588 года, Хечигуан укрепил огромный алый зонт девяти футов в поперечнике на шесте высотой семь футов. Зонт он обнес на расстоянии двух футов алой изгородью таким образом, чтобы солнечный свет, отражаясь от нее, повсюду распространял блики того же цвета. Эта композиция так понравилась Хидейоши, что он в качестве награды освободил Хечигуана от уплаты налогов.

А. Л. Садлер,
«Таною: японская чайная церемония»,
1933

Наиболее эффективная комбинация — сплав прежде несовместимых зрительных образов и символов; благодаря ассоциациям, связанным с вами, они могут четко продемонстрировать новую идею, концепцию, религию. Зрительные образы часто появляются в определенной последовательности, и тогда порядок, в котором они возникают, сам по себе символичен. То, что появляется первым, например, символизирует власть, то, что стоит в середине, кажется имеющим центральное значение.

Пользуйтесь символами для того, чтобы приободрить и объединить своих подчиненных или соратников. Во время мятежа 1648 года те, кто сохранял преданность французскому королю, высмеивали восставших, сравнивая их с рогатками (по-французски frondes), которыми малыши пытаются напугать мальчишек постарше. Кардинал де Рец решил превратить этот унизительный образ в символ восстания: оно теперь получило название Фронды, а бунтовщики стали фрондерами. Они стали носить на шляпах украшения в виде рогаток, а само слово превратилось в их боевой клич. Без этого мятеж мог и не развиться. Всегда находите символ, подходящий к вашему случаю,— чем больше эмоциональных ассоциаций, тем лучше.

Самый верный способ использования образов и символов — создать из них яркий спектакль, завораживающий людей и отвлекающий их от неприятной реальности. Сделать это несложно: люди любят все масштабное, зрелищное и неправдоподобное. Взовите к их чувствам, и они толпами будут стекаться на ваши шоу. Через зрительные впечатления лежит кратчайшая дорога к их сердцам.

Образ: Крест и Солнце. Распятие и сверкающее великолепие. Когда одно накладывается на другое, новая реальность обретает форму — восходит новая власть. Это символ — в многословных объяснениях он не нуждается.

Авторитетное мнение: «Для людей всегда важна внешняя оболочка вещей... Государь должен в подобающее время года развлекать народ празднествами и зрелищами». Никколо Макиавелли (1469—1527)

ЗАКОН 38

ДУМАЙ ЧТО ХОЧЕШЬ, НО ДЕЙСТВУЙ КАК ВСЕ

Формулировка закона

Если вы желаете показать, что опережаете свое время и противостоите эпохе, щеголяя оригинальными идеями и неортодоксальными путями, люди могут подумать, что вы просто хотите привлечь внимание, а на них смотрите свысока. Они найдут способ наказать вас за то, что заставили их почувствовать ваше превосходство. Куда безопаснее смешаться с ними и быть как все. Свою оригинальность приоткрывайте только терпимым к этому друзьям и тем, о ком вы точно знаете, что им понравится ваша уникальность.

Ключи к власти

Всем нам приходится лгать и скрывать истинные чувства, поскольку абсолютно свободное самовыражение в обществе неприемлемо, можно даже сказать, невозможно. С самого нежного возраста мы учимся скрывать свои мысли, говоря то, что от нас хотят услышать, изо всех сил стараемся не задеть, не обидеть. Большинство людей относятся к этому как к данности: имеется определенный набор идей, ценностей, которые принимают все окружающие, и оспаривать это бессмысленно. Мы верим в то, во что хотим, но, выходя из дома, надеваем маску.

ГОРОЖАНИН И ПУТЕШЕСТВЕННИК

«Посмотри,— сказал горожанин,— вот самый большой рынок в мире». «Вовсе нет»,— возразил ему путешественник. «Ну, может, не самый большой,— сказал горожанин,— но уж наверняка самый лучший». «Вы и в этом заблуждаетесь,— я могу рассказать вам...»

Путешественника схоронили в потемках.

Роберт Луис Стивенсон,
1850–1894

Есть, однако, люди, усматривающие в подобном подчинении непереносимое для них ущемление личной свободы. Они нуждаются в самоутверждении и доказательстве превосходства их ценностей и верований. В итоге, однако, их аргументы мало кого убеждают, оскорбленных же бывает гораздо больше. Ответ на вопрос, почему их аргументы не действуют, заключается в том, что большинство людей следует своим идеалам и принципам, не задумываясь о них глубоко. Их верования опираются главным образом на эмоции: они совершенно не хотят подвергать ревизии привычный им образ мыслей, и, когда вы вызываете их на это, либо впрямую, доводами, либо косвенно, своим поведением, это их озлобляет.

Люди мудрые и рассудительные рано выучиваются тому, что можно вести себя так, как принято, произносить вслух нивелированные мысли, но при этом верить в них необязательно. Одно из проявлений власти, которой достигают люди, умеющие не выделяться,— это власть беспрепятственно думать о чем хочется, делиться своими мыслями с теми, с кем хочется поделиться, и при этом не страдать в изоляции и не подвергаться остракизму. Добившись положения и власти, можно попытаться расширить круг посвященных в суть ваших идей.

Не будьте наивны — не воображайте, будто в наше просвещенное время ортодоксальности более не существует. Дж. Солк, например, считал, что с развитием науки отомрет политика и уйдут в прошлое условности. И вот, разрабатывая вакцину против полиомиелита, он нарушил все правила научного этикета — обнародовал свое открытие, прежде чем доложить о нем научному миру, присвоил себе честь открытия вакцины, не упомянув с благодарностью о тех ученых, которые вымостили ему дорогу к успеху,— словом, сам себя произвел в светила. Общественность, возможно, приняла бы это благоприятно, но на него обрушились ученые. Его неуважение к канонам поведения, традиционно принятым в научном сообществе, привело к его полной изоляции, бойкоту. Он потратил много лет, чтобы ликвидировать образовавшуюся трещину и поправить отношения с коллегами.

Будь у Макиавелли учеником государь, первое, что он должен был бы посоветовать ему сделать,— написать книгу против макиавеллизма.

Вольтер,
1694–1778

Люди, обладающие истинной властью, отнюдь не ведут себя с окружающими оскорбительно, в отличие от Солка они научаются быть хитрыми лисами и изображать чувство коллективизма. На протяжении столетий именно такое поведение было и остается характерным для авантюристов, мошенников и политиков. Истинные лидеры — такие как Юлий Цезарь и Франклин Делано Рузвельт,— готовы были преодолеть свой природный аристократизм ради того, чтобы продемонстрировать близость к простому народу. Они проявляли это в мелочах, в поступках, жестах — порой символических, назначение которых показать простым людям, что и вожди разделяют их ценности, несмотря на разницу в положении.

Логическое продолжение такой практики — бесценная способность быть всем для каждого. Вступая в социум, оставьте за бортом собственные идеалы и воззрения, наденьте маску, которая лучше всего подходит для той группы, в какой вы сейчас находитесь. Бисмарку весьма удавалась эта игра — правда, находились люди, прекрасно понимавшие, чего он добивается на самом деле, но их было незначительное меньшинство. Большинство заглатывало наживку, людям было лестно думать, что такой авторитетный деятель, как Бисмарк, разделяет их идеалы. Вас не сочтут лицемером, если вы будете соблюдать осторожность,— ибо можно ли обвинить в лицемерии того, кто просто не дает понять, за что же он выступает? Никто не сможет упрекнуть вас в цинизме и отсутствии идеалов и ценностей. Разумеется, они у вас есть — вы разделяете идеалы окружающих ровно до тех пор, пока находитесь в их обществе.

Образ: Черная овца. Стадо избегает черную овцу, не зная наверное, принадлежит ли она к ним. Поэтому она плетется позади или блуждает в стороне от отары, представляя лакомый кусочек и легкую добычу для волков. Оставайтесь в стаде — это безопаснее. Отличайтесь от него мыслями, а не цветом руна.

Авторитетное мнение: «Не давайте святыни псам и не бросайте жемчуга вашего перед свиньями, чтобы они не попрали его ногами своими и, обратившись, не растерзали вас». (Евангелие от Матфея, 7:6)

ЗАКОН 39

МУТИ ВОДУ, ЧТОБЫ ПОЙМАТЬ РЫБКУ

Формулировка закона

Гнев и эмоции стратегически абсолютно непродуктивны. Вам следует всегда оставаться спокойным и объективным. Но если можно позлить врагов тем, что сами вы сохраняете спокойствие, вы получаете бесспорное преимущество. Выведите врагов из равновесия: найдите щелочку в их самомнении, через которую их можно достать,— и они у вас на крючке.

Ключи к власти

Вспыльчивые люди рано или поздно начинают выглядеть смешными, поскольку их реакция часто несоразмерна вызвавшей ее причине. Они принимают все слишком всерьез, преувеличивая обиды и оскорбления, причиненные им. Они так чувствительны к мелочам, что это уже само по себе становится смешным, настолько они все пропускают через себя. Еще комичнее выглядит их уверенность в том, что вспышки гнева свидетельствуют о силе. На самом деле все наоборот: раздражительность — не сила, а признак бессилия. Вы можете на короткое время ошеломить окружающих своими срывами, но в конце концов вас просто будут все меньше уважать. Со временем окружающие осознают также, что с человеком, настолько неспособным владеть собой, очень легко справиться.

Решение проблемы, однако, не в подавлении гнева и эмоциональных реакций. Ведь подавление эмоций забирает у человека массу энергии и приводит к отклонениям в поведении. Вместо этого мы должны осознать, что в обществе и в играх власти нет ничего личного.

По возможности старайтесь ни к кому не испытывать враждебности... Говорить с человеком раздраженно, выражать свою неприязнь словами или демонстрировать ее всем своим видом не просто необязательно — это опасно, глупо, нелепо и вульгарно.

Страх и ненависть не следует выказывать никаким способом, кроме как через свои поступки; чувства также будут куда более эффективными, если выразить их в действии, однако для этого необходимо избегать их проявления в любой другой форме. Лишь у холоднокровных животных укусы ядовиты.

Артур Шопенгауэр,
1788—1860

Каждый попадает в цепь событий, которая берет начало задолго до настоящего момента. Наше раздражение, как правило, появляется из детских проблем, из проблем наших родителей, которые, в свою очередь, произрастают из детства, и так далее. Корни его (раздражения) можно найти и во взаимоотношениях с окружающими, в накопившихся разочарованиях и обидах. Часто нам кажется, что подстрекатель нашего раздражения (гнева) — определенный человек, однако на деле все гораздо сложнее и уходит корнями куда глубже причиненной нам обиды. Если человек выплескивает на вас свое раздражение (и оно кажется несоразмерным тому, что вы ему сделали), вам следует напомнить себе, что его гнев не направлен персонально на вас — не будьте настолько тщеславны. Причина гораздо шире, уходит корнями в прошлое, включает десятки прежних обид, так что даже не стоит затрудняться попытками понять все это. Вместо того чтобы принимать вспышку гнева на свой счет, смотрите на нее как на скрытое проявление силы, как на попытку справиться с вами или даже покарать вас, замаскированную под видом оскорбления или гневной отповеди.

У Киньо, военачальника второго ранга, был брат, верховный жрец Риогаку, человек с редкостно скверным нравом. Рядом с его монастырем росло высоченное дерево рами. Случилось так, что в народе у этого дерева было прозвище — Дерево Верховный Жрец. «Это возмутительно»,— сказал верховный жрец и приказал срубить дерево. Остался пень, и теперь люди называли его Пень Верховный Жрец. Разгневавшись больше прежнего, Риогаку велел выкорчевать пень и выбросить подальше, а на этом месте сделать сточную канаву. Что ж — народ теперь звал это место Сточная Канава Верховный Жрец.

Кенке, Япония, «Праздные заметки», XIV век

Взгляд на проблему в другом ракурсе позволит вам с большей ясностью и энергией вести игры власти. Не стоит воспринимать все так болезненно и попадать в рабскую зависимость от эмоций окружающих, гораздо умнее обратить потерю ими самообладания себе на пользу: вы сохраняете свою голову, в то время как они теряют свою.

В ходе подготовки сражения во время войны Трех царств (III век н. э.) советники Цао Цао обнаружили документы, доказывающие, что некоторые его военачальники уличены в заговоре с врагом. Советники торопили его с решением об их аресте и казни. Вместо этого он приказал сжечь документы и забыть обо всей истории. Если бы в критический момент сражения он проявил растерянность, объявил об измене, потребовал, чтобы свершилось правосудие, это могло бы обратиться против него, вызвав ослабление боевого духа в войсках. Правосудие могло подождать: в свое время он разберется с неверными военачальниками. Цао Цао сохранил самообладание и принял правильное решение.

Гнев только урезает ваши возможности, а властный, сильный человек не может существовать в условиях ограниченных возможностей. Выработайте у себя умение не принимать неприятности близко к сердцу и контролировать свои эмоции. Добившись этого, вы достигнете огромной власти: теперь вы можете манипулировать эмоциональными реакциями окружающих. Подталкивайте к активным действиям неуверенных, подвергая сомнению их мужественность и соблазняя перспективой легких побед.

Если вы имеете дело со вспыльчивым или раздраженным противником, порой лучшая реакция — это отсутствие реакции. Следуйте тактике Талейрана: ничто не приводит человека в бешенство сильнее, чем оппонент, сохраняющий хладнокровие, в то время как он сам теряет выдержку. Если в ваших интересах вывести окружающих из равновесия, храните на лице аристократическое, скучающее выражение, не насмешливое и не торжествующее, а просто безразличное. Это их воспламенит. Когда же от гнева они дойдут до белого каления, вы будете одерживать легкие победы — и первая та, что их инфантильному поведению вы противопоставляете достоинство и самообладание.

Образ: Пруд с рыбками. Вода чиста и спокойна, и рыбки хорошо себя чувствуют в ней. Но замутите воду, и рыбки всплывут. Еще сильнее взбаламутив воду, вы заставите их занервничать и подняться к поверхности, при этом заглатывая любую добычу, которая окажется поблизости,— включая крючок с только что насаженной приманкой.

Авторитетное мнение: «Если твой противник отличается горячим нравом, постарайся раздражить его. Если он самовлюблен, сыграй на его эгоизме... Настоящий мастер управляет активными действиями неприятеля, подсовывая ему ту ситуацию, в соответствии с которой он будет действовать. Он заманивает врага приманкой, на которую тот наверняка клюнет. Он не дает врагу остановиться, держа перед ним приманку, а затем нападает на него с отборным войском». Сунь-цзы (VI—V век до н. э.)

ЗАКОН

40

С ПРЕЗРЕНИЕМ ОТВЕРГАЙ БЕСПЛАТНЫЕ ОБЕДЫ

Формулировка закона

То, что предлагают вам даром, таит опасность: обычно за этим стоит хитрый трюк или скрытое обязательство. За то, что чего-то стоит, стоит заплатить. Оплачивая свой путь, вы избавляетесь от необходимости благодарить, испытывать вину и обманывать. Часто умнее бывает заплатить полную цену — нельзя блистать и экономить одновременно. Не жалейте денег, заставляйте их работать, щедрость является признаком власти и притягивает ее.

Деньги и власть

В ведомстве власти у всего есть цена, и о каждом предмете судят по тому, сколько он стоит. Если что-то предлагается даром или по сниженной цене, часто идет с нагрузкой — психологической: сложное чувство, что вы в долгу, что вы жертва качества — и сопутствующее этому беспокойство, и так далее. Сильные рано научаются защищать самые важные ценности: независимость и пространство для маневра. Платя без скидок, они страхуют себя от опасностей, затруднительных положений и тревог.

Открытость и гибкость в денежных делах учит еще и тому, насколько ценна стратегически рассчитанная щедрость, вариация уже известного нам фокуса «давай, когда собираешься брать». Вы преподносите дар, приличествующий случаю, и тот, кто получает его, чувствует себя обязанным вам. Щедрость смягчает людей — и обманывает их. Снискав славу щедрого человека, вы завоевываете восхищение окружающих, отвлекая их от своих планов достижения власти. Обдуманно расточая свое состояние, вы прельщаете придворных, доставляя им удовольствие и завоевывая ценных союзников.

СКУПОЙ

Один скупец, боясь лишиться своего богатства, решил пойти на хитрость. Он продал все, что имел, купил на все вырученные деньги золотой слиток и закопал его. Каждый день он приходил к этому месту и проверял, на месте ли слиток. Один из его работников заметил это. Он заподозрил, что там, должно быть, спрятан клад, и, стоило хозяину отвернуться, отправился к тому месту и украл слиток. Когда скупец вернулся и обнаружил пропажу, он стал плакать и рвать на себе волосы. Но сосед, увидев, как он сокрушается, сказал: «Не горюй, а лучше возьми-ка камень, закопай его на том же месте и думай, что это твой золотой слиток. Ты ведь не собирался воспользоваться им, а лежать в земле камень сможет ничуть не хуже, чем золото».

Деньги приобретают ценность не когда ими владеют, а когда ими пользуются.

Эзоп,
VI век до н. э.

На каждого, способного относиться к деньгам играючи, приходятся тысячи, кого характеризует саморазрушительный отказ использовать деньги творчески и стратегически. Подобные типы представляют полярную противоположность сильным, властным людям, и вам необходимо научиться распознавать их — с тем чтобы избегать их вредоносного воздействия или обратить их негибкость себе на пользу.

Прожорливая рыбина. Прожорливых рыб интересуют только деньги, а не люди. Холодные и жестокие, они видят мир сквозь безжизненные таблицы бухгалтерского баланса. Относясь к окружающим только как к пешкам или воспринимая их как нежелательные препятствия на своем пути к богатству, они попирают людские чувства и отвращают от себя даже тех, кто мог бы быть им полезен. Никто не хочет иметь дела с прожорливой рыбиной, и спустя годы она часто остается в одиночестве, которое свидетельствует о том, что наступил конец.

Прожорливые рыбы — это основа существования мошенников: ослепленные наживкой в виде перспективы легко разбогатеть, они жадно заглатывают острый крючок, прихватив и грузило. Их так легко обмануть, потому что, проводя столько времени в общении с цифрами (а не с людьми), они совершенно ничего не понимают в психологии — как чужой, так и своей собственной. Избегайте их, прежде чем они начнут вас эксплуатировать, или играйте на их алчности для достижения своих целей.

Демон торга. Сильные люди все оценивают и взвешивают, принимая в расчет не только стоимость, но и время, достоинство, спокойствие духа. Демоны торга лишены этой способности. Бесконечно торгуясь, не жалея на это драгоценного времени, они постоянно беспокоятся о том, чтобы не прогадать, и прикидывают, нельзя ли было в другом месте сторговаться подешевле. В добавление к этому предмет сделки, который им наконец достается, часто никуда не годится, порой требует дорогого ремонта или выходит из строя вдвое скорее, чем более дорогостоящий аналог. Подобные типы, казалось бы, могут причинить вред лишь самим себе, но их отношение к жизни сродни инфекционному заболеванию: им можно заразиться.

У японцев есть поговорка, которая звучит так: «Тада йори такаи моно ва наи», что означает «Больше всего ценят то, что досталось даром».

Мицухиро Мацумото,
«Непроявленный путь», 1988

Садист. Финансовые садисты играют в грязные игры с деньгами, используя их как инструмент для утверждения своей власти. Они могут, например, тянуть, не отдавая деньги, которые вы им дали в долг, утверждая при этом, что чек уже спешит к вам по почте. Садисты, похоже, думают, что, если они платят за что-то, это дает им моральное право унижать того, кто продает. В их отношении к деньгам отсутствует широта, свойственная царедворцам. Если вам «посчастливилось» иметь дело с подобным типом, возможно, вам лучше потерять в деньгах, чем оказаться втянутым в эти разрушительные взаимоотношения.

Неразборчивый даритель. Щедрость выполняет определенную функцию в королевстве власти: она привлекает людей, смягчает их, делает вашими союзниками. Но ее следует использовать с умом и знать меру. Неразборчивые дарители щедры потому, что хотят, чтобы все их любили и восхищались ими. При этом щедрость у них такая разбросанная, безадресная и жалкая, что достичь желаемого результата не удается: ведь, поскольку они одаривают всех, никто из получателей не чувствует себя удостоенным особого отличия. Этот человеческий тип может показаться привлекательным, однако, вступая с ним в отношения любого сорта, вы постоянно будете ощущать бремя его ненасытных эмоциональных потребностей.

> **Образ:** Река. Чтобы защитить себя или удержать воду, вы запруживаете ее. Скоро, однако, ее воды становятся зловонными и тлетворными. Только самые отвратительные формы жизни могут выжить в этих стоячих водах, ничто не может плыть по ним, прекращаются

путешествия, останавливается торговля. Сломайте плотину. Когда вода течет и движется, она приносит изобилие, богатство и власть. На реке время от времени бывают паводки, приносящие процветание и добро.

Авторитетное мнение: «Великий человек, если он скуп,— глупец, а для человека с высоким положением нет порока более страшного, чем алчность. Скупец не завоюет ни земель, ни власти, ибо у него мало друзей, которые помогли бы ему в исполнении его воли. Тому, кто хочет иметь друзей, не следует дорожить своим имуществом превыше всего, но нужно приобретать дружбу посредством щедрых даров. Ибо как магнит мощно притягивает к себе железо, так золото и серебро, которые человек дарит, притягивают к нему сердца людей». Гийом де Лоррис (1200—1238)

ЗАКОН 41

СТАРАЙСЯ НЕ ИДТИ ПО СТОПАМ ВЕЛИКИХ

Формулировка закона

То, что случается вначале, всегда кажется лучше и оригинальнее того, что происходит потом. Если вы преемник великого человека или ребенок знаменитых родителей, чтобы превзойти их, вам придется не просто повторить, но удвоить их достижения. Не теряйтесь в их тени — застрянете в чужом прошлом. Вы создадите собственные имя и личность, если измените курс. Откажитесь от властного отца, заклеймите его наследие и добейтесь власти, засияв собственным, а не отраженным светом.

Ключи к власти

В некоторых древних государствах, например в Бенгалии и на Суматре, если правитель находился у власти слишком долго, его казнили. Это отчасти представляло собой ритуал обновления, но главное имело целью не допустить, чтобы могущество правителя превысило некий предел. Теперь, когда рядом его уже не было, ничто не препятствовало возносить ему почести, поклоняться как божеству. Тем временем поле деятельности становилось расчищенным для обновленного порядка, который можно было устанавливать беспрепятственно.

ВЕЛИЧИЕ ПЕРВЫХ

Многие могли бы воссиять подобно фениксу в своем деле, если бы другие им не предшествовали. Быть первым — великое преимущество; известность его удваивает... Те, кто идет первым, добиваются славы по праву первородства, те же, кто следует за ними, подобно младшим сыновьям, вынуждены довольствоваться скудным уделом...

Соломон мудро выбрал миролюбие, отказавшись от воинственности и мести по отношению к своему отцу. Изменив курс, он решил, что проще стать героем...

А наш великий Филипп II правил всем миром с престола своего благоразумия, поражая народы в веках. Если его непобедимый отец был образцом энергии, Филипп стал парадигмой благоразумия... Подобное новаторство помогло ему, руководимому мудрыми советниками, завоевать место в свитке великих. Не бросая собственного искусства, гениальные уходят с проторенной тропы и прокладывают, даже в профессиях старых как мир шаги наверх, к славе.

Гораций оставил эпическую поэзию Вергилию, как Марциал уступил лирику Горацию. Теренций избрал комедию, Персий — сатиру, каждый из них рассчитывал стать первым в своем жанре.

Смелое дарование никогда не пойдет на подражание ради легкой победы.

Бальтазар Грациан,
1601–1658

Неоднозначное отношение к королю или родителю отражено также в легендах о героях, не знающих своего отца. Моисей, архетип человека власти, был найден в прибрежных зарослях тростника и никогда не знал родителей; не имея отца, который мог бы с ним соперничать или ограничивать его действия, он оказался способен вознестись к вершинам власти. Александр Великий распространял историю о том, что был зачат не от Филиппа Македонского, а от бога Юпитера Аммона. В подобных мифах и поверьях отец исключен, поскольку символизирует разрушительную силу прошлого.

Прошлое мешает юному герою строить собственный мир — он должен следовать по пути своего отца,— даже если отец умер или не имеет власти. Герою приходится кланяться перед своим предшественником, склоняться перед традицией и опытом.

Власть зависит от способности заполнить пустоту, засеять поле, расчищенное от мертвого груза прошлого. Только после того как фигура отца устранена, перед вами возникает чистое пространство, пригодное для возведения зданий и установления нового порядка. Есть много разных стратегий, позволяющих добиться этого,— вариации ритуального убийства вождя, которые маскируют неистовый порыв, облекая его в социально приемлемые формы.

Возможно, самый безобидный и простой способ справиться с тенями прошлого — умалить их значение, играя на извечном антагонизме поколений и настраивая молодое поколение против старого. Для этого требуется подходящая фигура из прошлого, которую можно было бы пригвоздить к позорному столбу.

Дистанция, которой вы хотите отделить себя от предшественника, часто требует создания некоей символики или способа заявить о себе во всеуслышание. Например, Людовик XIV сделал символичный жест, отказавшись занять традиционную резиденцию французских королей и построив собственный дворец в Версале. Следуйте его примеру: не будьте рабами опыта предшественников. В этом случае вам их никогда не перегнать. Вы должны продемонстрировать свое отличие наглядно, выработав оригинальный стиль и символику.

Есть какое-то тупое упорство в желании повернуть историю вспять, и это большое препятствие на пути к власти: вера, а точнее суеверие, что если кто-то до вас добился успеха, проделав операции А, Б и В, то вы сможете повторить его успех, сделав то же. Этот подход, прямолинейный, как рецепт печенья, соблазнителен для нетворческих людей как самый простой и удобный из-за их лени и скованности. Но вот беда: обстоятельства и ситуации никогда не повторяются без изменений.

Наконец последнее: изобилие и процветание делают нас ленивыми и пассивными; если занимаемое положение обеспечивает нам безопасность и власть, у нас нет стимула действовать. Это серьезная опасность. Ни к чему впадать в подобную крайность, лучше уж быть психологически готовым начать все сначала, чем заплывать жирком в лени и благополучии. Как часто ранние победы со временем превращают нас в карикатуру на самих себя. Сильные люди распознают подобные ловушки; они находятся в постоянном движении, в борьбе, они изменяют сами себя. Отцу нельзя позволить вернуться, его приходится побеждать на каждом этапе пути.

Образ: Отец. Он отбрасывает гигантскую тень на детей, держа их в рабстве даже после своего ухода, связывая с прошлым, сковывая их юные души и принуждая идти тем же прискучившим путем, по которому двигался сам. Он способен на разнообразные уловки. На каждом шагу дети должны быть готовы оттолкнуть отца и шагнуть в сторону из его тени.

Авторитетное мнение: «Остерегайся идти по стопам великого человека — тебе придется приложить вдвое больше усилий, чтобы превзойти его. Тех, кто идет по следам, считают подражателями. Неважно, сколько пота пролито ими, они никогда не избавятся от этого клейма. Нелегко определить новое направление и совершенствоваться в нем, найти новый путь к славе. К неповторимости ведет много дорог, не всегда проторенных. Самые новые могут оказаться самыми труднодоступными, но часто именно они оказываются кратчайшим путем к величию». Бальтазар Грациан (1601—1658)

ЗАКОН 42

ПОРАЗИ ПАСТЫРЯ — И ПАСТВА РАССЕЕТСЯ

Формулировка закона

Часто беду может принести одна сильная личность — баламут, возмутитель спокойствия, самонадеянный выскочка. Если вы предоставите таким людям поле деятельности, другие подпадут под их влияние. Не ждите, пока причиняемые ими неприятности будут множиться, не пытайтесь с ними договориться — они безнадежны. Нейтрализуйте их влияние, изолируя их или изгоняя. Устраните возмутителя спокойствия — и его окружение разбежится.

Ключи к власти

В прошлом целой нацией управлял король с горсткой приближенных. Только элита имела доступ к власти. С течением времени власть постепенно становилась все более демократичной и расчлененной. Это, однако, порождает ложное ощущение, что у группировок нет центров власти, что власть равномерно распределена между многими. В действительности же власть, претерпев количественные изменения, осталась неизменной по существу. Возможно, поубавилось число могущественных тиранов, вершивших судьбы миллионов, но по сей день существуют тысячи карликовых деспотов, которые распоряжаются в своих мелких владениях, навязывая собственную волю с помощью скрытых рычагов власти, харизмы и других механизмов. В каждой группировке власть сконцентрирована в руках одного-двух человек, потому что это именно та область, где природа человека всегда останется неизменной: люди всегда будут концентрироваться вокруг сильной личности, подобно планетам, обращающимся вокруг светила.

Когда дерево падает, обезьяны бросаются врассыпную.

Китайская пословица

Пребывать в заблуждении, что подобные центры власти не существуют более, означало бы делать бесконечные ошибки, тратить впустую энергию и время и никогда не прийти к цели. Сильные люди не теряют времени даром. Они могут сделать вид, что верят, будто власть поделена между многими,— но между тем будут внимательно наблюдать за ключевыми фигурами группы, у которых на руках все козырные карты. Именно от них все и зависит. Если начинаются неприятности, нужно искать, что лежит в основе, и вычленить из общей картины одну сильную фигуру, человека, которого необходимо изолировать или убрать, чтобы буря улеглась.

Доктор Милтон Х. Эриксон, работая в качестве семейного психотерапевта, обнаружил, что если в семье разлад и неприятности, то неизбежно обнаруживается человек, который является причиной этому. На своих сеансах он символически изолировал «гнилое яблоко», сажая его или ее в стороне от остальных, пусть даже всего в одном-двух метрах. Постепенно другие члены семьи начинали видеть в физически отстраненном от них человеке источник своих проблем. Если вы разобрались, кто является возмутителем спокойствия, очень важно суметь указать на это окружающим. Помните: подобные люди процветают, прячась за спины других членов группы, скрывая свои подрывные действия за реакциями других. Сделайте их «работу» видимой, и они не смогут нарушать спокойствие и выводить всех из равновесия.

ВОЛКИ И ОВЦЫ

Однажды давным-давно волки направили к овцам посла, желая до поры до времени наладить с ними мир. «Почему,— сказали они,— мы должны всегда враждовать? Эти злые собаки — вот кто причина всех бед; они беспрестанно лают на нас и этим нас раздражают. Отошлите их прочь, и тогда ничто не помешает нашей вечной дружбе и миру». Глупые овцы послушались, собак прогнали, и стадо, лишившись своих лучших защитников, стало легкой добычей для коварных врагов.

Эзоп,
VI век до н. э.

Ключевым элементом стратегических игр является изоляция сил врага. В шахматах вы стараетесь загнать в угол короля. В китайских шашках задача игрока — изолировать шашки врага в тупиках, где они делаются неподвижными и бесполезными. Часто лучше изолировать врага, чем уничтожить,— вы будете выглядеть менее жестоким при равном результате, поскольку в играх власти изоляция равносильна смерти.

Наиболее эффективная форма изоляции — отделить жертву от основания ее власти. Когда

Мао Цзэдун хотел исключить врага из правящей элиты, он не вступал в прямую конфронтацию с этим человеком. Он тихо и незаметно работал над тем, чтобы изолировать врага, разобщая его соратников, обращая их против него, уменьшая количество тех, кто его поддерживал. Вскоре получалось так, что человек незаметно сходил со сцены вроде бы сам по себе.

Последнее: когда по пастуху наносят удар, это безмерно пугает овец. С потерей вождя они утрачивают смысл жизни. Ось, вокруг которой все вращалось, исчезла, и вся конструкция рухнула. Цельтесь в лидеров неприятеля, свергайте их, а затем наблюдайте за смятением в рядах врага и используйте бесчисленные возможности, которые при этом возникают.

> **Образ:** Стадо разжиревших овец. Не тратьте драгоценное время на попытки выкрасть одну или двух овечек, не подвергайте риску свою жизнь и здоровье, сражаясь с овчарками, охраняющими стадо. Цельтесь в пастуха. Прогоните его — и псы последуют за ним. Сразите его — и стадо разбредется; теперь вы можете перетаскать овец одну за другой.

Авторитетное мнение: «Натягивая лук — тяни изо всех сил. Выбирая стрелу — бери самую длинную. Чтобы подстрелить всадника, целься сначала в его коня. Чтобы одолеть разбойников, прежде схвати главаря. Подобно тому как соблюдаются границы государства, нужно соблюдать меру, убивая людей. Если атаку врага можно остановить, сразив одного предводителя, то к чему убивать и ранить остальных?». Китайский поэт Ду Фу, династия Тан (VIII век)

ЗАКОН

43

ЗАВОЕВЫВАЙ СЕРДЦА И УМЫ ОКРУЖАЮЩИХ

Формулировка закона

Насилие порождает реакцию, которая в конечном счете обернется против вас. Вы должны обольщать людей, чтобы они захотели двигаться в вашем направлении. Соблазненный вами становится преданным слугой. Чтобы обольщать людей, нужно играть на их индивидуальных психологических особенностях и на их слабостях. Смягчите сопротивление, воздействуя на чувства, играйте на том, что людям дорого, и на их страхах. Если игнорировать сердца и умы окружающих, то они в результате вас возненавидят.

Ключи к власти

В игре власти вы окружены людьми, у которых нет других причин и стимулов помогать вам, кроме собственных интересов. И если вам нечего предложить, чтобы заинтересовать их, возможно, отношение к вам будет недоброжелательным: в вас увидят очередного конкурента или просто не пожелают тратить на вас свое драгоценное время. Преодолеть эту холодность удается тем, кто может подобрать подход к сердцу и уму незнакомца, переманить его на свою часть поля. Но большинству так никогда и не удается освоить эту игру. Встречаясь с новым для себя человеком, вместо того чтобы отступить на шаг и присмотреться к его неповторимой натуре, они говорят о себе, им не терпится навязать собственную волю и свои предрассудки. Они спорят, хвастают, демонстрируют силу. Сами того не замечая, в этот момент они создают себе врага, противника, поскольку ничто так не выводит из себя, как чувство, что тобой пренебрегают, игнорируют твою личность, не хотят разобраться в твоем психологическом складе. Чувство, что в вас видят лишь посредственность, вызывает негодование и желание пойти наперекор.

Помните: чтобы привлечь людей на свою сторону, прежде всего нужно найти к ним подход и мягко, незаметно сломить сопротивление. Обольщайте их обоюдоострым подходом — работайте с их эмоциями и играйте на их интеллектуальных пристрастиях. Будьте внимателььны и к тому, что выделяет их среди прочих (индивидуальные психологические особенности), и к тому, в чем они похожи на всех остальных (базовые эмоциональные реакции). Метьте в основные чувства: любовь, ненависть, ревность. Если вам удастся затронуть их, они ослабят контроль, и убедить их станет много проще.

Правительства рассматривали людей только в массе, но наши люди были нестандартными, они были не формациями, а индивидуальностями... Наши королевства расположены в уме каждого человека.

Т. Э. Лоуренс,
1888–1935

Когда Т. Э. Лоуренс во время Первой мировой войны сражался с турками в пустынях Среднего Востока, на него снизошло озарение: ему стало вдруг совершенно ясно, что традиционная, обычная война ушла в небытие. Солдат старого образца потерялся в громадной армии того времени, им манипулировали, приказывали, обращаясь как с пешкой на шахматной доске. Лоуренс не хотел мириться с таким положением дел. Для него личность каждого солдата была целой страной, которую предстояло завоевать. Преданный, инициативный, психологически подготовленный солдат сражается с большей отдачей и более осмысленно — он личность, а не марионетка.

Ощущение Лоуренса еще более верно для нашего мира, где почти все мы чувствуем себя отвергнутыми, обезличенными, испытываем недоверие к власти. Все это делает откровенные игры власти с применением жесткости и нажима тем более непродуктивными и опасными. Вместо того чтобы переставлять на доске шахматные фигуры, добейтесь преданности и сочувствия от тех, кто на вашей стороне. А чтобы добиться этого, необходимо учитывать индивидуальные психологические особенности каждого. Ни в коем случае не следует самоуверенно полагать, что тактика, сработавшая с одним человеком, даст хороший результат и с другим.

Самый простой способ склонить окружающих на свою сторону, это продемонстрировать людям — и как можно проще и понятнее,— какую выгоду принесет им задуманное вами. Собственные интересы — самый сильный мотив из всех возможных: величие задачи может захватить ум, но когда первый всплеск возбуждения уляжется, интерес угаснет — если за этим не будет ничего, кроме размытых перспектив. Выгода — более прочное основание.

Среди тех, кто лучше других владеет искусством найти подход к человеку, достучаться до людских сердец, много художников, интеллектуалов, поэтов. Это объясняется тем, что идеи легче всего передать с помощью образов и метафор. Поэтому всегда разумно иметь на своей стороне хоть одного художника, артиста или писателя, способного воззвать прямо к человеческим сердцам.

Люди, которые изменяли Вселенную, никогда не добивались этого, служа вождям, но добивались успеха, ведя за собой массы. Те, кто служит вождям, прибегают к интригам и добиваются только второстепенных результатов. Те же, кто ведет за собой массы,— суть гении, преображающие облик мира.

Наполеон Бонапарт,
1769—1821

Последнее: научитесь играть с массами. Чем шире ваша поддержка, тем крепче власть. Вы должны постоянно завоевывать все новых союзников на всех уровнях — обязательно настанет время, когда они вам пригодятся.

Образ: Замочная скважина. Люди возводят стены, чтобы не впустить вас внутрь. Никогда не вламывайтесь к ним силой — вы только натолкнетесь на все новые стены. В стенах имеются двери, ведущие к сердцам и умам, а в них есть крошечные отверстия для ключей. Загляните в замочную скважину, подберите ключ, который откроет дверь,— и вы получите доступ к их душам, не прибегая к насилию и взлому.

Авторитетное мнение: «Для того чтобы склонить человека на свою сторону, необходимо, чтобы я знал его сердце, только тогда я смогу направлять свои речи точно в цель... По этой причине тот, кто хочет заручиться поддержкой правителя, должен, тщательно наблюдая, изучить его чувства, любовь и ненависть, тайные желания и страхи, прежде чем он сможет завоевать сердце господина». Хань Фэй-цзы, китайский философ (III век до н. э.)

ЗАКОН

44

ОБЕЗОРУЖИВАЙ И ПРИВОДИ В ЯРОСТЬ С ПОМОЩЬЮ ЭФФЕКТА ЗЕРКАЛА

Формулировка закона

Зеркало отражает реальность, но это также и совершенное орудие обмана: когда вы как в зеркале отображаете действия своих врагов, в точности повторяя все, что делают они, им не удается понять, какова ваша стратегия. Эффект зеркала унижает их, мешает маскировать их чувства. Поднося зеркало к их душам, вы создаете у них иллюзию того, что разделяете их ценности; поднося зеркало к их поступкам, вы преподаете им урок. Немногие в силах противиться власти Эффекта зеркала.

Эффекты зеркала

Зеркала обладают над нами властью, они волнуют нас. Глядя на свое отражение в зеркале, мы чаще всего видим то, что хотим увидеть,— свой собственный образ, знакомый и привычный. Мы стараемся не присматриваться, игнорируем морщинки и мелкие дефекты. Но, вглядевшись пристальнее, мы иногда чувствуем, что видим себя так же, как видим других, как человека среди многих людей, скорее объект, чем субъект.

Применяя Эффекты зеркала, мы символически воссоздаем его пугающую силу, отражая действия окружающих, имитируя их движения, чтобы вывести их из равновесия и раздразнить. Чувствуя себя объектом насмешки, пародии, какой-то неодушевленной, бездушной вещью, они сердятся. Но проделайте то же самое чуть по-другому, и они пребудут в радостной растерянности — ведь вы в точности отразили их помыслы и желания. В Эффекте зеркала заключена огромная сила, потому что он воздействует на самые примитивные чувства.

В ведомстве власти известны четыре основных Эффекта зеркала.

Нейтрализующий эффект. Делайте то, что делают ваши враги, как можно точнее воспроизводите их действия, и они, ослепленные вашим зеркалом, не увидят ваших намерений. Их стратегия работы и общения с вами зависит от того, как вы на них реагируете, от ваших характерных черт, от вашей манеры вести дела: нейтрализуйте их, копируя их реакции и поведение. Это немного издевательская тактика, она может вызвать даже взрыв негодования. Наверное, каждый помнит, как в детстве кто-нибудь дразнил его, повторяя каждое слово,— очень скоро у вас возникало сильнейшее желание броситься на обидчика с кулаками. Взрослые могут и должны работать тоньше, и все же в ваших силах довести оппонентов до исступления. Маскируя собственную стратегию зеркальным щитом, вы расставляете невидимые ловушки или подталкиваете соперников к капкану, который они же для вас расставили.

Эффект Нарцисса. Все мы по уши влюблены в самих себя. Эффект Нарцисса использует это всеобщее самолюбование: вы вглядываетесь глубоко в души людей, постигаете их затаенные помыслы, их ценности, вкусы и интересы. Затем вы возвращаете им все это, превращая себя в подобие их собственного зеркального отражения. Ваша способность отразить их душу даст вам великую власть над ними, они могут даже испытать к вам что-то вроде любовного влечения.

> Когда ты сошелся в схватке, борешься за победу и понимаешь, что не можешь взять верх, слейся с противником, стань с ним единым целым. Ты можешь победить, подобрав и применив необходимый прием, когда вы переплелись друг с другом... Часто можно одержать уверенную победу благодаря умению сливаться с неприятелем, а будь вы разобщены, шанс на победу был бы утрачен.
>
> *Миямото Мусаши,*
> *«Книга пяти колец», XVI век*

Моральный эффект. Вы преподаете окружающим урок, давая им попробовать их собственное лекарство. Вы отражаете то, что окружающие причинили вам, делая это таким образом, что они понимают, что вы поступаете с ними в точности так, как они поступили с вами. Вы заставляете их глубоко прочувствовать, что они поступили нехорошо. Если бы вы жаловались и хныкали, это только укрепило бы их позиции. А вот когда они ощущают на себе результат собственных действий, который рикошетом возвращается к ним, то осознают на глубочайшем уровне, как они ранят окружающих или донимают их своим асоциальным поведением.

ПОХИЩЕННОЕ ПИСЬМО

Когда я хочу узнать, насколько умен или глуп, насколько добр или зол мой партнер и что он при этом думает, я стараюсь придать своему лицу такое же, как у него выражение, а потом жду, какие у меня появятся мысли и чувства.

Эдгар Аллан По,
1809–1849

Галлюциногенный эффект. Зеркала пугающе обманчивы, потому что они создают впечатление, что вы смотрите в реальный мир. На самом же деле перед вами простой кусок стекла, который, как всем известно, не может показать мир в точности таким, каков он есть: в зеркале все перевернуто.

Галлюциногенный эффект возникает при создании прекрасной копии предмета, места, человека. Эта копия являет собой что-то вроде макета — люди принимают ее за правду, потому что она имеет внешнее сходство с реальным прообразом. Это — излюбленный метод мошенников и аферистов, которые мастерски обманывают людей, подсовывая им «куклы», фальшивки, правдоподобно копирующие реальный мир. Этот эффект имеет также применение повсюду, где требуется маскировка и камуфляж.

Образ: Щит Персея. Он так отполирован, что превратился в зеркало. Медуза не может вас видеть, лишь ее собственный устрашающий облик возвращается к ней отраженным. Под прикрытием такого зеркала вы можете лгать, насмехаться, доводить до бешенства. Одним ударом вы снесете голову не ожидающей этого Медузе.

Авторитетное мнение: «Задача военной операции — обманным путем добиваться соответствия с намерениями врагов... вначале позволить им получить то, что они хотят, а затем искусно опередить их. Соблюдай дисциплину и приноравливайся к врагу... И вот сначала ты подобен девушке-служанке, так что враг открывает тебе свою дверь; потом ты — как кролик на свободе, так что врагу тебя не удержать». Сунь-цзы (VI—V век до н. э.)

ЗАКОН

45

ПРОПОВЕДУЙ НЕОБХОДИМОСТЬ ПЕРЕМЕН, НО НЕ СЛИШКОМ УВЛЕКАЙСЯ РЕФОРМАМИ

Формулировка закона

Каждому отвлеченно понятна потребность в переменах, но людей, живущих одним днем, формирует привычка.
Они болезненно реагируют на слишком большие перемены, а это ведет к мятежу.
Если вы новичок на вершинах власти или пока только пытаетесь ее добиться, устройте спектакль, демонстрируя уважение к старым методам работы.
Если перемены необходимы, придайте им вид небольшого улучшения прошлого.

Человеческой психологии во многом свойственна двойственность. Это проявляется, в частности, в том, что, даже понимая необходимость перемен, зная, насколько важно обновление и для общественных институтов, и для отдельных личностей, мы все равно испытываем раздражение и тревогу, когда эти процессы затрагивают лично нас. Мы знаем, что изменения неизбежны, что они принесут облегчение, разгонят застой, но в глубине души цепляемся за прошлое. Мы еще готовы согласиться с поверхностными переменами, с «косметическим ремонтом», но изменения глубокие, затрагивающие самую суть привычного уклада, нарушающие заведенный порядок, вызывают у нас глубочайшее неприятие.

ПРОИСХОЖДЕНИЕ РОЖДЕСТВА

Празднование Нового года — древняя традиция. Римляне отмечали сатурналии, чествуя бога урожая Сатурна между 17 и 23 декабря. Это был самый веселый день года. Всякая работа и торговля прекращались, на улицы высыпали нарядные толпы, кругом царила карнавальная атмосфера. Рабов временно отпускали на свободу; дома украшали лавровыми ветвями. Люди ходили друг к другу в гости, делая подарки — восковые свечи и глиняные фигурки. Задолго до рождения Христа у иудеев был Праздник Света, и тоже в декабре. Считается, что германские племена широко отмечали день зимнего солнцестояния, к которому приурочивали почитание богов Вотана и Фрейи, Донара (Тора) и Фрейра. Даже после того как император Константин (285—337 гг.) провозгласил христианство официальной религией Римской империи, память о Солнце и грядущем плодородии как объектах дохристианских праздников середины зимы не могла быть полностью вытеснена. До Константина в 274 году в Риме был официально провозглашен культ бога Солнца Митры, а его день рождения, 25 декабря, стал национальным праздником. Культ Митры, арийского бога света, пришел в Грецию и Рим из Персии, а затем распространился на Германские земли и в Британию. Многочисленные развалины его святилищ поныне свидетельствуют о том, что Митру почитали (особенно римские легионеры) божеством плодородия, мира и победы. Поэтому Христианская церковь, возглавляемая папой Либерием (352—366), совершила обдуманный и мудрый шаг, отменив с 354 года празднование дня Митры и объявив 25 декабря днем Рождества Господа нашего Иисуса Христа.

Анна Сюзанна Ришке,
«Нойе Цюрхер Цайтунг»,
25. XII. 1983

Каждую революцию обязательно сменяет период реакции, потому что пустота, возникающая на месте упраздненного порядка вещей, оказывается слишком невыносимым бременем для человеческого существа, подсознательно связывающего подобный вакуум со смертью и хаосом. Возможность перемен прельщает людей, привлекает их на сторону революции, но когда первый порыв проходит, спадает энтузиазм, остается ощущение опустошенности. Обращаясь к прошлому, мы тем самым создаем лазейку, через которую старый порядок вползает обратно.

Согласно Макиавелли, пророк, призывающий к переменам, может выжить только с оружием в руках: когда массы неизбежно потянутся к прошлому, он должен быть готов применить силу. Но вооруженный пророк не сможет продержаться долго, если только, понимая сложность своего положения, не позаботится о том, чтобы быстро создать новый набор ценностей и ритуалов на замену старым, успокоив этим тревоги тех, кого страшат перемены. Гораздо более простой и менее кровавый способ — своего рода надувательство. Проводите нововведения и реформы сколько душе угодно, но постарайтесь придать им умиротворяющий облик старины и традиций.

Простой поступок, как, скажем, использование старого названия или сохранения за группой того же номера, свяжет вас с прошлым и обеспечит поддержку авторитета истории.

Другая стратегия, позволяющая замаскировать перемены: шумно во всеуслышание объявить, что вы поддерживаете ценности прошлого. Примите облик приверженца традиций, и лишь единицы заметят, как мало это соответствует действительности. Флоренция эпохи Возрождения имела вековые республиканские традиции и весьма подозрительно относилась к любым попыткам пошатнуть эти устои. Козимо Медичи изображал ярого приверженца республики, тогда как в действительности добивался того, чтобы власть в городе принадлежала его семье. Формально Медичи сохранили во Флоренции видимость республики, фактически же она была уничтожена. Медичи исподволь провели радикальное реформирование строя под видом сохранения традиций.

Справиться с этим природным консерватизмом можно, платя дань традиции — на словах. Определите те элементы в своей революции, которые можно связать с прошлым. Провозгласите, что они базируются на традициях. Говорите правильные слова, демонстрируйте соглашательство, а тем временем проводите свои радикальные теории в жизнь, давайте им работать.

И, наконец, последнее: нельзя игнорировать дух времени. Если реформы слишком опережают свое время, судьба реформаторов трагична — мало кто сумеет понять этих людей, все их шаги будут безнадежно неправильно истолкованы и вызовут отторжение. Изменения, которые вносите вы, должны казаться более консервативными, чем они есть в действительности.

Прислушивайтесь к веяниям времени. Если вы живете и работаете во времена бурных волнений и перемен, то власть получит тот, кто проповедует возврат к прошлому, комфорт и традиции. В эпоху застоя, однако, козырем будут реформы и революционные преобразования — но будьте осторожны, выпуская джинна из бутылки. Заканчивают революцию, как правило, совсем не те, кто ее начинал.

> **Образ:** Кошка. Существо консервативное, она любит домашнее тепло. Если нарушить ее привычки, вторгнуться в ее пространство, она станет неуправляемой и психопатичной. Предотвратите это, поддерживая ее ритуалы. Если изменения необходимы, обманите кошку, сохраняя запах прошлого, а на видных местах расставьте привычные ей предметы.

Авторитетное мнение: «Тому, кто стремится или хочет преобразовать государственный строй какого-нибудь города и желает, чтобы строй этот был принят и поддерживался всеми с удовольствием, необходимо сохранить хотя бы тень давних обычаев, дабы народ не заметил перемены порядка, несмотря на то что в действительности новые порядки будут совершенно непохожи на прежние. Ибо люди вообще тешат себя видимым, а не тем, что существует на самом деле». Никколо Макиавелли (1469—1527)

ЗАКОН 46

НИ В КОЕМ СЛУЧАЕ НЕ КАЖИСЬ СЛИШКОМ СОВЕРШЕННЫМ

Формулировка закона

Казаться лучше других всегда опасно, но опаснее всего не иметь грехов и слабостей. Зависть рождает тайных врагов. Умный человек время от времени демонстрирует изъяны, признается в безобидных грешках, чтобы защититься от зависти и казаться более человечным и доступным. Только божества и мертвые могут выглядеть совершенными, ничего не опасаясь.

Ключи к власти

Человеческое существо с большим трудом свыкается с сознанием своего несовершенства. Встречая способности, талант или силу, значительно превосходящие наши собственные, мы легко приходим в смятение. Это происходит оттого, что в большинстве своем мы обладаем завышенной самооценкой и в присутствии тех, кто нас в чем-то превосходит, вдруг ощущаем, что на самом-то деле мы не более чем посредственны или, по крайней мере, не так великолепны, как нам представлялось. Это вынужденное развенчание собственного образа очень легко вызывает в жизни довольно неприглядные переживания. Прежде всего мы ощущаем зависть. Но зависть не приносит утешения и не приближает к ощущению равенства. К тому же мы не можем признаться в этом чувстве, заклейменном в обществе,— ведь сообщить о своей зависти означает признать себя ущербным. Значит, приходится загонять ее вглубь разными способами, например, критикуя того, кто заставил нас позавидовать.

Завистник скрывается тщательно, словно тайный, похотливый грешник, и становится бесконечно изобретательным, выдумывая разные трюки и прибегая к хитростям, чтобы не выдать себя. Таким образом ему удается делать вид, будто он не замечает превосходства других, которое гложет его сердце, словно он не видит его, не слышит его, даже не предполагает его существования, никогда не слыхал ни о чем подобном. Он — мастер притворства. Однако он изо всех своих сил старается не допустить появления превосходства над собой ни в какой форме, ни в какой ситуации. Если все же появляются те, кто его превосходит, он старается смешать их с грязью, критикует сверх меры, изрыгая сарказм и клевету, словно жаба, плюющая ядом из своего укрытия. В результате он способствует появлению самых незначительных, посредственных и даже неполноценных людей в своем поле деятельности.

Артур Шопенгауэр,
1788—1860

Есть разные способы противостоять коварному, деструктивному чувству зависти. Прежде всего задумайтесь о том, что, когда вы добились власти, те, кого вы опередили, вероятно, чувствуют зависть к вам. Они, возможно, ее не показывают, но это неизбежно. Не принимайте наивно за чистую монету тот фасад, который они вам демонстрируют,— читайте между строк, примечайте их критику, шушуканье за вашей спиной, пущенные вскользь саркастические замечания, чрезмерные восхваления — верный признак того, что за спиной вас поливают грязью, подготавливая ваше падение, затаенную обиду в глазах. Половина проблем с завистниками возникает оттого, что мы не распознаем зависть своевременно, а потом бывает слишком поздно.

Будьте готовы и к тому, что, если люди завидуют вам, они станут действовать против вас. Они расставят на вашем пути непредвиденные препятствия. Трудно оградить себя от нападений такого типа. Поскольку намного проще избежать зарождения зависти, чем справиться с ней, вы должны вести себя так, чтобы предотвратить ее появление с самого начала. Осознав, что часто вы сами, ваши необдуманные поступки, ваши свойства порождают зависть, вы сможете вырвать зубы этому чудовищу, прежде чем оно загрызет вас.

Жадный человек и завистник встретились с царем. Царь сказал им: «Один из вас может попросить у меня все что угодно, я выполню его просьбу, но с одним условием — второй получит вдвое больше». Завистливый не хотел просить первым, так как зависть не позволяла и мысли допустить, что кто-то получит больше, чем он. Жадный тоже не хотел просить первым, потому что желал, чтобы ему досталось все.

Наконец жадный убедил завистника просить первым, и что же? Тот попросил царя выколоть ему один глаз.

Соломон Шиммель,
«Семь смертных грехов», 1939

Величайшая опасность в мире власти — внезапный поворот колеса Фортуны: стремительное продвижение, победа или успех, которого никто не ожидал. Все это может вызвать зависть среди тех, с кем вчера вы стояли на одной ступени.

Чтобы скрыть чей-то талант и дарования, требуется дарование и недюжинный талант.

Франсуа де Ларошфуко, 1613—1680

Когда в 1651 году архиепископ де Рец был произведен в сан кардинала, он прекрасно понимал, что это вызовет зависть многих его коллег. Понимая, что неразумно и некрасиво отворачиваться от своих прежних товарищей, де Рец сделал все, чтобы принизить собственную заслугу в происшедшем и подчеркнуть роль счастливого случая в его «незаслуженном» успехе. Чтобы люди не чувствовали себя с ним скованно, он держался просто и скромно, так, словно никаких изменений не произошло. Он писал, что это мудрое поведение «возымело желаемое действие, успокоив завистников, и это величайший из секретов». Следуйте примеру де Реца. Тонко и ненавязчиво подчеркивайте, что вам просто повезло, чтобы ваша удача казалась более доступной окружающим, смягчайте возникающую у них зависть.

Чтобы избежать зависти, позвольте уличить себя в какой-то слабости, небольших неблагоразумных проступках, безобидном грешке.

Умейте распознавать различные маски зависти. Преувеличенные похвалы — это почти наверняка признак того, что особа, расточающая их, страдает от зависти: скорее всего, вам уготовано падение, потому что почти невозможно будет оправдать восторженно-завышенную оценку, не исключено также, что у вас за спиной вострят ножи. Но и те, кто критикует вас сверх всякой меры или во всеуслышание злословит на ваш счет, возможно, завидуют вам не меньше. Определите для себя их поведение как скрытую зависть — и вы избежите западни: не ввяжетесь в ритуал взаимного окатывания грязью и не станете принимать их критику близко к сердцу. Вам удастся отыграться за все, если проигнорируете их презренное присутствие.

> **Образ:** Сорняки в саду. Вы можете не удобрять их, но они разрастаются, когда вы поливаете сад. Вы можете и не заметить, но они завоевывают пространство, высокие и отвратительные на вид, они заглушают ваши чудесные растения, не давая им цвести. Пока не поздно, прекратите поливать без разбора.

Уничтожьте сорняки зависти, не давая им ни воды, ни питания.

Авторитетное мнение: «При случае позволь уличить себя в безобидном недостатке. С точки зрения завистников, главный грех совершенства заключается в том, что оно не грешит. Превратившись в тысячеглазого Аргуса, они во все глаза ищут изъян — это их единственное утешение. Не позволяй зависти брызгать ядом — допусти промах, обнаружь какой-нибудь пробел в доблести или интеллекте, так чтобы обезоружить ее заранее. Вот так ты машешь красным плащом перед Рогами Зависти, чтобы спасти свое бессмертие». Бальтазар Грациан (1601—1658)

ЗАКОН

47

НЕ ЗАХОДИ ДАЛЬШЕ НАМЕЧЕННОЙ ЦЕЛИ; ПОБЕЖДАЯ, ЗНАЙ, КОГДА ОСТАНОВИТЬСЯ

Формулировка закона

Мгновение победы — это часто момент наибольшего риска. В разгар победы самонадеянность и чрезмерная уверенность в себе могут толкнуть вас мимо намеченной цели, а зайдя слишком далеко, вы получите врагов больше, чем сможете победить. Обдумыванию и тщательному планированию нет альтернативы. Наметьте цель, а как только достигнете ее, остановитесь.

Ключи к власти

У власти свои ритмы и закономерности. Побеждает в игре тот, кто, уловив алгоритм закономерности, может переменить его по своей воле, выбивая людей из привычной колеи, устоявшегося ритма. Главная суть стратегии — умение предвидеть события ближайшего будущего и управлять ими. Однако эйфория победы может лишить вас способности управлять тем, что должно произойти. Здесь возможны два сценария. Первый: вы принимаете свой успех за закономерность и уверены, что сможете его повторить. Вы безостановочно двигаетесь в том же направлении, желая убедиться, что оно остается благоприятным для вас. Второй: успех опьяняет и будоражит вас. Поверив в собственную неуязвимость, вы начинаете вести себя агрессивно, что непременно сведет на нет завоеванную ранее победу.

Урок прост: сильные люди варьируют ритм, меняют линию поведения в зависимости от обстоятельств и учатся импровизировать. Они не позволяют своим быстрым ногам унести их слишком далеко вперед, а вместо этого немного отступают, чтобы окинуть взглядом общую картину. У них в крови словно имеется противоядие против опьянения победой, позволяющее им, добившись успеха, обуздать свои чувства и взять своего рода тайм-аут. Владея собой, они не дают воли своему возбуждению, спокойно обдумывая все случившееся и трезво оценивая долю обстоятельств и везения в своем успехе.

Случай и обстоятельства всегда играют в коридорах власти важную роль. Но, хотя это и покажется странным, счастливый случай порой бывает опаснее, чем невезение. Неудачи учат нас очень важным вещам — терпению, умению правильно выбирать момент, необходимости готовиться к худшему. Слепая удача дает противоположный урок, внушая мысль о блеске и таланте, благодаря которым у вас все получилось. Фортуна неизбежно рано или поздно отвернется от вас, и есть риск, что, когда это случится, вы будете застигнуты врасплох.

ЗАНОСЧИВЫЙ ПЕТУХ

Дрались два петуха у навозной кучи. У одного петуха было силы больше, он забил другого и прогнал его от навозной кучи. Все куры сошлись вкруг петуха и стали хвалить его. Петух хотел, чтобы и на другом дворе узнали про его силу и славу. Он взлетел на сарай, забил крыльями и запел громко: «Смотрите все на меня, я петуха побил! Нет ни у одного петуха на свете такой силы». Не успел пропеть, летит орел, сбил петуха, схватил в когти и унес в свое гнездо.

Лев Толстой,
1828–1910

Для сохранения власти часто требуется чередовать силу и хитрость и удерживать их в равновесном состоянии. Если переусердствовать с применением силы, это породит противодействие; допустить перекос в сторону хитрости — и она становится предсказуемой, сколь бы искусной ни была. Если вы победитель, ведите себя тихо, убаюкивая неприятеля своим бездействием. Такие смены ритма — очень сильное и действенное средство.

Людей, которые заходят за черту, часто ведет желание понравиться вышестоящему, оправдать его веру в них. Но чрезмерное усердие рискованно — оно может возбудить у вашего работодателя подозрения. Филипп Македонский имел обыкновение подвергать опале и понижать в должности военачальников непосредственно после того, как они выигрывали сражение. Еще одна такая победа, считал Филипп, и человек может из подчиненного и соратника превратиться в соперника. Когда вы служите кому-либо, разумно тщательно соразмерять свои победы, предоставляя ему пожинать лавры и ни в коем случае не давая повода для беспокойства. Изобразите полное подчинение, чтобы завоевать его доверие.

ПОРЯДОК ВЕДЕНИЯ ПЕРЕКРЕСТНОГО ОПРОСА

Всегда при ведении перекрестного опроса наиболее важно умение остановиться сразу же, как было достигнуто важное признание или получен удовлетворяющий вас ответ. Ничто не может быть важнее того, чтобы закончить опрос свидетеля на триумфальной ноте. Весьма многим юристам удается поймать свидетеля на серьезных противоречиях и нестыковках; но, не довольствуясь этим, они продолжают задавать вопросы до тех пор, пока удачное впечатление, произведенное на присяжных, совершенно не теряется.

Фрэнсис Веллман,
«Искусство перекрестного опроса», 1903

И последнее: очень важно, где и как остановиться; этот момент имеет огромное психологическое значение. В памяти остается последняя сцена как своеобразная кульминация. Нет лучшего момента для того, чтобы удалиться, чем после славной победы. Оставаясь на сцене, вы рискуете уменьшить эффект, возможно, после этого вам больше не подняться на такие высоты и придется примерять на себя роль аутсайдера. Как говорят юристы о ведении перекрестного допроса: «Добившись своего, сразу прекращай задавать вопросы».

Образ: Икар, падающий с небес. Его отец Дедал изготовил крылья из воска, которые должны были поднять их, чтобы выбраться из лабиринта и ускользнуть от Минотавра. Опьяненный счастливым избавлением и ощущением полета, Икар поднимался выше и выше, пока солнце не растопило воск и он, упав, не разбился насмерть.

Авторитетное мнение: «Государи и республики должны удовольствоваться победой, ибо когда они стремятся к большему, то, как правило, проигрывают». Никколо Макиавелли (1469—1527)

ЗАКОН 48

ОБРЕТИ НЕОПРЕДЕЛЕННОСТЬ ФОРМЫ

Формулировка закона

Обретая конкретную форму, имея наглядные планы, вы открываете себя для нападения. Вместо того чтобы принять форму, которую смогут атаковать ваши враги, приспосабливайтесь и будьте в постоянном движении. Примите тот факт, что нет ничего определенного и не существует установленных навсегда законов. Лучший способ защитить себя — быть текучим и бесформенным, как вода; никогда не ставьте на стабильность или длительный порядок. Все изменяется.

Ключи к власти

Человек — существо, которое отличается тем, что постоянно создает формы. Нуждаясь в прямом выражении своих чувств, он придает им форму посредством языка или принятых в обществе ритуалов. Мы не можем передать друг другу свои чувства, если не облечем их в определенную форму.

Формы, которые мы создаем, постоянно меняются — влияет мода, стиль, все человеческие проявления, выражающие настроение времени. Мы постоянно изменяем формы, унаследованные от предыдущих поколений, и эти перемены являются приметой жизни и жизнеспособности. В действительности вещи, которые не меняются, застывшие формы, кажутся нам ликом самой смерти, и мы разрушаем их.

Власть имущие — это часто люди, в юности проявившие большой творческий потенциал, позволивший им выразить что-то новое через новые формы. Общество дарует им власть, потому что оно жаждет такой новизны, ценит ее и вознаграждает за нее. Проблемы появляются позже, когда со временем люди становятся консервативными и косными. Они более не грезят о создании новых форм, их индивидуальность устоялась, они закоснели в своих привычках, и эта ригидность делает их легкодоступной мишенью.

Власть процветает, пока может гибко менять формы. Быть лишенным определенной формы не означает быть аморфным, бесформенным —

формой обладает все, этого невозможно избежать. Отсутствие у власти определенной формы означает, что она, подобно воде или ртути, может принимать очертания всего, что ее окружает. Постоянно изменяясь, она всегда остается непредсказуемой.

В боевых искусствах важно, чтобы стратегия была непостижима и непредсказуема, чтобы форма была скрыта, а движения — неожиданны, так чтобы было невозможно встретить их во всеоружии. Что помогает хорошему военачальнику добиться верной победы? Непостижимая мудрость и образ действий, при котором не остается следов. Только в того, у кого нет формы, невозможно попасть. Мудрые скрываются за необъяснимостью; они постоянно изменяются, так что их пути невозможно пересечь.

«Книга гуайских мастеров»,
Китай, II век до н. э.

Первое психологическое требование — научиться ничего не принимать близко к сердцу. Ни в коем случае не вставайте в оборонительную позицию. Этим вы выдаете свои переживания, эмоции, демаскируете форму. Противник понимает, что задел вас за живое, нашел ахиллесову пяту, а стало быть, будет снова и снова наносить удары в то же место. Поэтому превратите свое лицо в невыразительную маску, которая будет бесить и запутывать ваших коллег и соперников.

Одним из мастеров этой техники был барон Джеймс Ротшильд. Германский еврей в Париже, в стране, которую всегда отличала неприязнь к иностранцам, Ротшильд никакие выпады не принимал на свой счет или, во всяком случае, никогда не показывал, что задет ими. Он к тому же легко приспосабливался и к любой политической ситуации. Ротшильд принимал их все одинаково — и растворялся. В то время как он приспосабливался и благоденствовал, никогда не открываясь до конца, другие богатейшие семьи лишались своих состояний в периоды переворотов и неожиданных зигзагов фортуны. Они хватались за прошлое, рабски завися от старых, закосневших форм.

Становясь старше, вам следует все меньше держаться за прошлое. Не теряйте гибкости — иначе закоснеете и будете выглядеть как древняя окаменелость.

Ни в коем случае не забывайте, что текучесть форм — это стратегическая позиция. Она дает вам пространство для создания тактических сюрпризов. Пока ваши противники бьются, пытаясь разгадать ваш следующий ход, они неизбежно выдают собственные замыслы, что ставит их в невыгодное положение. Текучесть форм помогает вам удерживать инициативу, опережать неприятеля, которому остается только запоздало реагировать на ваши действия. Она путает планы врага, тормозит и срывает действия его разведывательной и шпионской сети. Помните: постоянное изменение формы — это инструмент. Не смешивайте ее с желанием плыть в общем потоке, применяясь к вкусам большинства, или с религиозной покорностью перипетиям судьбы. Вы пользуетесь этим инструментом не для достижения внутренней гармонии и мира в душе, а для усиления своей власти.

Мудрый никогда не стремится ни следовать путями древних, ни устанавливать какие-то жесткие нормы для всех времен, но изучает вещи своего века и готовится иметь дело с ними.

Был человек в царстве Сун, который обрабатывал поле, на котором стояло дерево. Однажды заяц, который несся со всех ног, налетел с разбегу на дерево, сломал шею и умер. С тех пор человек отложил свой плуг и стал ждать у дерева, что еще один заяц наскочит на него. Он не дождался второго зайца и стал посмешищем для всех жителей Сун. Если предположить, что кто-то хочет править людьми нынешнего века по законам древних царей, то можно сказать, что он поступит в точности, как человек, что ждал у дерева.

Хан Фэй-цзы,
китайский философ, III век до н. э.

Наконец, последнее. Научиться приспосабливаться к изменяющимся обстоятельствам означает, помимо прочего, научиться смотреть на жизнь собственными глазами, самостоятельно оценивать происходящее и отказываться от подсказок, которые люди услужливо подбрасывают на вашем пути. Это значит, что вы решительно должны отбросить законы, чтимые окружающими, и книги, которые они пишут, чтобы подсказать вам, что делать, а также мудрые советы старших. Слишком почтительное отношение к мудрости других чревато умалением вашей собственной. Будьте безжалостны к прошлому, особенно к своему собственному, и откажитесь от уважения к философиям, навязываемым вам извне.

Образ: Меркурий. Крылатый вестник, бог коммерции, покровитель воров, жуликов, всех тех, кто быстр и увертлив. В день, когда Меркурий родился, он изобрел лиру. К вечеру того же дня украл коров Аполлона. Он передвигался по всему миру, принимая самые разные обличья. Подобно ртути, жидкому металлу, который во многих языках носит его имя, он олицетворяет неуловимое, ускользающее — власть непостоянства формы.

Авторитетное мнение: «Следовательно, идеальная цель при создании армии — прийти к отсутствию формы. Победа в войне не повторяется из раза в раз, но бесконечно меняет свою форму... Вооруженные силы не имеют постоянной структуры, как нет постоянных очертаний у воды: способность добиться победы, изменяясь и применяясь к противнику, называется гением». Сунь-цзы (VI—V век до н. э.)

Содержание

Литературно-художественное издание
Pocket&Travel

Грин Роберт

48 законов власти

Генеральный директор издательства *С. М. Макаренков*

Шеф-редактор *Е. В. Олейник*
Редактор *Г. М. Треер*
Ведущий редактор *М. С. Давыдова*
Выпускающий редактор *Е. А. Крылова*
Фотография на обложке: *Modella / shutterstock.com*
Художественное оформление: *В. Ю. Шумилов*
Компьютерная верстка: *А. В. Дятлов*
Корректор *Н. М. Рубцова*
Изготовление макета: *ООО «Прогресс РК»*

Подписано в печать 03.03.2025 г.
Формат 76x100/32. Гарнитура «MinionC». Усл. печ. л. 13,3.
Доп. тираж 10 000 экз. Заказ № 1448/25.

Адрес электронной почты: info@ripol.ru
Сайт в Интернете: www.ripol.ru

ООО Группа Компаний «РИПОЛ классик»
109147, г. Москва, ул. Большая Андроньевская, д. 23

16+ Знак информационной продукции согласно Федеральному закону от 29.12.2010 г. N 436-ФЗ

Отпечатано в соответствии
с предоставленными материалами
в ООО «ИПК Парето-Принт», г. Тверь
www.pareto-print.ru
170546, Тверская обл., Калининский район,
Бурашевское сельское поселение,
Промышленная зона Боровлево-1,
комплекс № 3 «А»